道をひらく言葉

昭和・平成を生き抜いた22人

NHK「あの人に会いたい」制作班

NHK出版新書
695

はじめに

埼玉県川口市にあるNHKアーカイブス。フィルムの劣化を防ぐため、常に室温15度、湿度50パーセントに保たれているフィルム保管庫には、10万巻以上のフィルムがずらりと並んでいます。また、保存されているテープは、川口アーカイブスだけで77万本以上。NHK全体で保管している番組の数は、映像・音声あわせて111万本を超えています。

これらの膨大な番組と日々格闘しているのが、「NHK映像ファイル　あの人に会いたい」のディレクターたちです。この番組は、NHKが蓄積してきた映像・音声資料の中から歴史に残る著名な人々の珠玉の言葉を今によみがえらせ、保存・公開する「映像ファイル」を目指すもので、2004（平成16）年4月の番組開始以来、670人以上の方々を取り上げてきました。それらの言葉は、コロナ禍を経て不安の時代を生きる私たちの心に響き、生きる指針を示してくれます。

テレビ放送が始まったのは、1953（昭和28）年2月1日。それから70年、ニュースやドキュメンタリー・ドラマ・音楽番組など、さまざまなジャンルの番組が数多く制作されてきました。これらは、番組制作に取り組んできた先輩たちの汗と涙の結晶であり、日本の映像の歴史そのものでもあります。

「あの人に会いたい」の制作にあたり、これまでに放送した多くの番組を観てきましたが、取り上げる方の若い頃の貴重な映像や、ドキュメンタリー番組のその瞬間にしか出てこない言葉、時代を超えて響く普遍的なメッセージに出会い、これらを眠ったままにするのはあまりにももったいない、是非多くの人たちに知っていただきたいと思うようになりました。

現在は、インターネットでさまざまな動画を見ることができるなど、テレビを取り巻く環境は大きく変わりましたが、私は伝える手段が増えた今こそ、NHKの貴重なアーカイブス資産をさまざまな形で社会に還元すべき時だと考えています。テレビ放送開始70年のタイミングでこの本を出版できることを、非常に嬉しく思っています。

本書は、先人たちの今に響く言葉をより多くの方に届けたいと思い、まとめたものです。読者のみなさんの気持ちや状況によって読み進められるよう、4章に分け、各章にはそのテーマとなる言葉を置きました。

番組の書き起こしだけではなく、10分間という時間の制約から番組では紹介しきれなかったインタビューや情報を加えたり、映像がないとわかりにくい部分に説明を加えたりしています。また、番組ではいつも最後に珠玉の言葉として「至言」をお伝えしていますが、本書では、その方ならではの言葉を選び直し、冒頭と最後にご紹介しています。

それらをお読みいただくことで、さまざまな世界や生き方があることを知っていただき、人生の岐路に立ち、生き方を迷っている方、第二の人生を歩んでいる方など、それぞれにとって生きるヒントや明日への活力になれば幸いです。そのような思いを『道をひらく言葉 ～昭和・平成を生き抜いた22人』という書名に託しました。

「あの人に会いたい」のウェブサイト（https://www.nhk.or.jp/archives/people/）には、これまで取り上げた方々のプロフィールや至言、3～4分間のダイジェスト動画などを掲載しています。放送年度やジャンル・50音から検索することができますので、是非、その言葉が実際に語られている映像に接していただければと思います。

最後になりましたが、番組制作や本書の出版に多大なるご協力を賜りましたご遺族など権利継承者の皆様、元番組を取材・制作した方々、当番組のディレクターたちだけでなく、権利処理で番組を支えてくれているスタッフをはじめ共に番組を制作している仲間たち、そして企画・構成などさまざまな局面をサポートしていただいたＮＨＫ出版の依田弘作さんと、執筆にご協力いただいた大山くまおさんに、深く感謝申し上げます。

なお、この本に記載されている情報（数字・ＵＲＬなど）は、２０２２年12月現在のものです。

「ＮＨＫ映像ファイル　あの人に会いたい」チーフ・プロデューサー　大石真帆

道をひらく言葉　昭和・平成を生き抜いた22人　目次

第2章　大切にしたいもの、守りたい心　73

第3章　つらいときこそユーモアを　141

第4章　残された時間、次世代へのバトン　199

編集協力　大山くまお
校閲　円水社
本文組版　米山雄基
写真提供　NHK

JASRAC　出 2300037-301

第1章

明日を生きるための力

「思い煩うな、くよくよするな。
過去のこともくよくよするな。
未来のこともくよくよするな。
今を切に生きてください」

瀬戸内寂聴（1922〜2021）
作家・僧侶

文学への憧れ

作家で僧侶の瀬戸内寂聴《せとうちじゃくちょう》。恋愛や歴史などをテーマに新しい女性の生き方を描き続け、99歳でその生涯を閉じるまで、400冊以上の作品を世に送り出してきた。さらに30年以上にわたって法話を続け、多くの人たちの悩みや苦しみに耳を傾け、あるときは優しく、あるときは情熱的に励まし続けてきた。

「みんないつかは死ぬんですから。いつかは死ぬから、今日の一日が大切なんですね。明日はあるかどうかわからない。ですから今日一日を切に、一生懸命に生きましょう」

波乱万丈の生涯を送った瀬戸内寂聴は、1922（大正11）年、阿波おどりで有名な徳島市で、仏具店を営む両親のもとに生まれる。幼い頃から子ども向けの小説や絵物語に親しんで小説の面白さを味わっていた。はっきりと文学に憧れるようになったきっかけは、幼い頃に街角で見ていた人形浄瑠璃だった。

「私の文学の源泉と言えば人形回しなんです」

江戸時代に阿波藩主・蜂須賀《はちすか》公の庇護・奨励を受けたことから、徳島では人形浄瑠璃が盛んに上演されてきた。人形浄瑠璃は、恋愛や心中など人間の心理や機微を描く演目が多いことで知られている。

「人生というものには、楽しいことだけじゃなくて、苦しいことがあるんだなとか、哀しいことがあるんだなとか、それから人を好きになる、男女の間に引き合う愛があるんだなって。そういうことを覚えたのは人形からです」

小学生の頃から早くも世界文学全集に親しみ、トルストイの『復活』に感動するませた子どもでもあった。『復活』とは、かつて弄んで捨てた下女が娼婦となり、殺人にかかわったことを知った若き貴族が、彼女の恩赦を求めて奔走するという物語である。世界文学全集に熱中するうちに、小説家になりたいという夢を抱くようになった。

徳島県立高等女学校（現・城東高等学校）を首席で卒業し、東京女子大学に進学する才媛だったが、在学中に太平洋戦争が勃発。女性は良き妻、良き母として家庭を守るのが務めとされた時代であり、瀬戸内も21歳で中国古代音楽史の研究者と見合い結婚。夫の留学に伴って中国に渡り、翌年には女の子を出産している。終戦後、帰国した瀬戸内が目の当たりにしたのは、焼け野原となった故郷だった。母親も空襲で死亡している。このとき、瀬戸内の価値観は一変したという。

「それまでは忠君愛国、良妻賢母でしたけれども、これからはもう人の言うことなんて聞いてられないと思って。戦争を境に、自分で考えたことでやっていかなければ、と変わりましたね。女は抑圧されていたでしょ。一旦お嫁に行ったら、絶対にそこで辛抱しなきゃいけないって教えられていました。それはひっくり返ったでしょう。それでね、ずいぶん町内であそこの家も出た、こっちも家を出た（編注：女が家を出た）割合が多かったの」

駆け落ちと作家への道

25歳、瀬戸内は生まれて初めて恋に落ちる。相手は夫の教え子だった文学青年だった。

「初めて恋愛したんです、そのときに。結婚は見合いでしたからね。だから初めて恋愛して。恋愛ってのは、ちょうど、雷が落ちてくるみたいなもんでね、もう防ぎようがないんです。気がついたらもう打たれているんですね」

「家を出る名目としてね、どうして出るのかって言われたときに『男に惚れて出ます』って、みっともないからね。小説を書きたいって言っちゃったんですよ」

作家になると夫に告げて、瀬戸内は3歳の娘を残して家を出る。しかし、実際は駆け落ちだった。京都へ向かう列車の中、どこからか子どもの泣き声が聞こえてきた。そのときの心情を瀬戸内は自作の中で次のように綴っている。

「女の子の声で、赤ん坊ではなかった。夢にうなされでもしたのだろうか、泣き声は火のついたように次第に激しくなり、母親が泣き続ける子供をデッキの方へ連れ去っていった。泣き声はしばらくして止んだが、私の耳の中にはいつまでもその声が響きつづけていた。それまで私は残してきた娘をつとめて思い出すまいとして、心を他へばかり向けていた。泣き声は娘の私を呼ぶ絶叫に聞えた」（『場所』「名古屋駅」）

「私は、生涯にね、いろんなことをしてきましたけど、後悔って何もないんです。悔いはないんです。ただ、そのとき、ちっちゃな子どもを捨てて出たってね、これはもう、自分でも許しがたいです。だからそれだけは後悔ですね」

このとき、瀬戸内は父から手紙を受け取っている。夫の家に謝れ、元の家に戻れ、というものではなかった。「お前は子を捨て人でなしになった以上、もう人間らしい人情などは捨ててしまい、鬼になりきれ。どうせ鬼になるなら、せめて、大鬼になってくれ」と書かれていた。父からの手紙で、瀬戸内は自分の行動を認めてもらったと感じたという。

「やっぱり自分が作家になりたいからって言って、家を出た以上、どんなことがあっても作家にならないと申し訳ないと。自分の言った言葉に責任は取らなきゃいけない」

しかし、駆け落ちの恋はすぐに破局する。瀬戸内は京都で小さな出版社に勤めながら一人暮らしを始めた。夫も娘も捨てた彼女に残されたのは、作家になるしかないという思いだった。三谷晴美のペンネームで少女向けの恋愛小説を執筆し、雑誌に投稿したのをきっかけに上京する。

東京に出るとき、父に手紙で借金を申し込んだところ、脳溢血で倒れていた父は娘のために無理をして、そのまま帰らぬ人となった。瀬戸内は娘に次いで父まで失ってしまった。

「私がとにかく作家にならなければ、もうこれはマイナスのまんまだと思います。しかし私が、もし自分の志を貫いて、まあとにかく作家になれれば、彼らも許してくれる、というふうに思ってました」

東京で同人誌に参加した瀬戸内は、芥川賞候補で戦後前衛文学の旗手と呼ばれていた小田仁二郎《じんじろう》と出会う。小田から小説とは何かを貪欲に吸収した瀬戸内は、35歳のときに新潮社同人雑誌賞を受賞し、文壇デビューを果たす。

受賞直後に執筆したのが小説『花芯』。男女の関係から女性の内面へと迫った作品だった。しかし、この小説が瀬戸内の人生を大きく狂わせていく。

「私はもう一生懸命書いて、まあいいんじゃないかと思った。ところがそれがエロだって言われましたね。子宮という言葉がいくつあるか数え上げられて、子宮作家ってレッテルを貼られたんです」

文芸雑誌から瀬戸内への原稿依頼は一切途絶え、5年間もの長きにわたって文壇から追放されることになる。瀬戸内はどのような気持ちで苦しい時期を乗り越えたのか。

「やっぱり自分を信じなければ。人が自分を認めないで悪口を言ってるとき、自分もダメだと思ったら、それはもうダメですよ。可哀相じゃないですか。あの人たちは自分の悪口を言っていて、自分をちっとも理解してくれていない。しかし、自分は自分を信じている、自分は大丈夫だっていう自信を持たないと、つまらない批評でやっつけられてそれまでになります。誤解されていると本当に悔しいけれども、誤解する人間が悪い、自分はちゃんとしてるんだっていう誇りを失っちゃダメですね」

血を流して道を切りひらいた女性たちへ

小説を書きたいと強く願った瀬戸内は、文学仲間とつくった同人誌、通称「無名誌」

で、明治の女流作家・田村俊子の生涯について書きはじめる。田村は作家としての全盛期に地位も名誉も捨て、恋人を追いかけてカナダに渡り、最後は中国・上海で亡くなった。その情熱的な生き方は世間から誤解されていたが、だからこそ瀬戸内は自分の姿と重ねて筆をふるった。そして、自身の恋愛体験を記した私小説『夏の終り』を執筆。酷評も覚悟したが、高い評価を受けて女流文学賞を獲得する。40歳のときのことだった。

その後、恋愛小説、伝記小説などジャンルを超えたさまざまな作品で、時代に抗い、愛を求めて自由に生きる女性たちの姿を描く。芸術家の岡本太郎の母で、歌人であり小説家の岡本かの子の生き方を描いた『かの子撩乱』、女性解放運動の先駆けとなった平塚らいてうや伊藤野枝らの姿を描いた『美は乱調にあり』などを次々と発表する。

「女の解放を考えて、我々働く女たちの道を切りひらいてくれた人たち。つまり日本の近代の明治、大正に成長して青春を生きて、そしてまだ非常に世の中の因習的な壁の厚い時代に、自分の裸足の足に血を流して、爪から血を流してその道を切りひらいてくれた、そういう女性たちに憧れますね」

瀬戸内は新聞やテレビに名が出ない日はないほどの流行作家になっていた。しかし、常につきまとうのは言いしれぬ虚しさだった。書けば書くほどお金は入ってくる。ストレス解消に贅沢をしても虚しさは募るばかりだった。

「51歳のときに私は嫌な言葉ですけどいわゆる流行作家になってたんです。それでお仕事はもう書ききれないくらいたくさんあったんです。そのとき、何度も書いてて慣れが出ますでしょう。コツを覚えますわね。だからこういうふうに書けば、一つの小説ができると。コツを覚えていくらでも書ける。その自分が嫌だったんです」

「自分の書いた小説が、世界的名作のレベルに達しないと嫌だと思ってたんです。そりゃ自分の書いたものを見たらわかります。そんな何十年も書いてたら。ああ、この程度かと思って。子どもを捨てたしね」

「悪くもない夫を裏切ったり、そういうことをしてまで小説を書いた。それで手に入ったものが、なんだこんなものかっていう、非常に虚しかったです」

出家という自由

いつしか瀬戸内は死への誘惑にとらわれるようになる。ある日、自分が暮らしていた高層マンションの部屋から飛び降りたい衝動に駆られた。そのとき書いた小説が『抱擁』。

同じマンションに住む3人の女性が生きる虚しさから死の世界に引き込まれていく物語だった。51歳のとき、岩手県平泉の中尊寺に向かい、出家する。

「出家は生きながら死ぬことだと私は理解しましたから。そのときはもうこれで（作家としての）幕が引かれると思ってました。だからどこも書かせてくれない。それでもいいと勝手なことを自分に随分問い詰めました。だけど蓋を開けてみたらね、よけい仕事が来るようになって。いろんな仕事が発展しましたね。だから、自分で途中で命を絶つとか、何か自分を投げ出すということは、傲慢《ごうまん》なんですよ。与えられた命は死ななきゃならないときがくるまで、精一杯に生きることが人間の務めだと思います」

瀬戸内は出家をしてから、とても「自由」になったと振り返っている。

「それまでも人様から見たら勝手なことをして、ある意味で自由ですわね。だから自由に生きてきたつもりでしたけど、出家して、あっ、こんな、もっともっと無限の自由ってものがね、あるんだなってことを与えていただきました」

出家するといろいろ拘束がありそうですが、という質問には次のように答えている。

「いろいろな戒律があって自由でないのではと思われるのですけれど、仏様というのは、そういうことも全部見通していらっしゃるので、もう何をしたって、仏様に見られる。仏は私を許してくれている。そういう感じなんです。だからとても自由です」

瀬戸内は出家してからも旺盛な執筆活動を続けた。一遍、良寛、西行を題材にした『花に問え』『手毬』『白道』の「出家者三部作」を発表。98年には6年がかりで取り組んだ「源氏物語」の現代語訳を完成させる。女性に焦点を当てた新しい視点と読みやすい表現で200万部を超えるベストセラーになった。

「世界中が認めている『源氏物語』を日本人はほとんど読んでいないんです。こんな素晴らしい文化が1200年以上前にあったと。日本はこんなに素晴らしい国だっていう誇りを持ってもらいたかった」

執筆活動の一方で続けたのが、京都に結んだ寺院・寂庵や住職を務める岩手県の天台寺で月に一度行う法話だった。波乱に満ちた人生経験から紡がれた言葉を聞くため、全国から世代を超えて多くの人が集まった。

「私はもう人を救ってるなんてただの一度も思ったことないし、救えるなんて思っていません。ただまあ、一緒に付き合ってあげるということね、その苦しみに付き合うってことはできますよね」

あるときはユーモラスに、あるときは情熱的に、あるときは切々と、瀬戸内は愛と苦しみ、生と死などについて語り続け、同時に人々が抱える苦しみに向き合ってきた。

「私たちは本当に一人で生まれてきて一人で死んでいくんですから、寂しいのは当たり前。自分が寂しいから、心を守る〝木〟になってくれる相手が欲しいし、自分が寂しいから肌で温め合う相手が欲しい。ですからやっぱり、解決してくれるものは愛ですね」

晩年まで続けた活動

瀬戸内は晩年まで旺盛な執筆活動を続けた。80歳を過ぎた03年のインタビューでは、「最後に残った私の煩悩は小説を書きたいってことです」と語っている。小説、随筆にとどまらず、俳句、歌舞伎、能、狂言、オペラの台本も手がけた。若者に流行していたケータイ小説を匿名で執筆していたことも話題になった。瀬戸内が描いていたのは一貫して「愛」であり「人間」だった。

「愛するってのは、喜びと同時に苦しみが始まるものだと思うんです。でも、それでも、やっぱり人間は愛した方がいいと思うんです。愛するためにこの世に送り出されてきているし、親子の愛でも友情でも、何でもいいからとにかく、愛するために我々は生きている。文学というものはそれを描くものじゃないでしょうか」

「人間ってのはどうしようもないものですよね。これしちゃいけないとわかっていても悪いことをする。自分の心が自分で自由になりませんでしょう。あっち行っちゃいけないって、あっちには何か悪いものがあるよってわかってても行きたいでしょ。今日はお酒飲んじゃダメだよって思っても飲みたいでしょう。よその旦那さんだから惚れちゃいけないと思っても好きになったらね、そういうこともありますよ。だからね、もう本当しょうがないのね、人間は。そういうものを描くことも私は文学だと思うんです」

88歳のときに腰椎《ようつい》を骨折。一時は歩くこともできなくなったが、その翌年に東日本大震災が発生すると、瀬戸内は病み上がりの身体を押して東北各地の被災者を訪ねてまわり、人々に寄り添い、励まし続けた。

「もう泣きたいときはね、泣いた方がいいのよ。泣くのが当たり前よ」

「どんなにつらいことも、それをバネにして、生きる。そういう力が、人間にはあるんです」

90歳を超えても、反戦や平和を訴える社会活動に積極的に参加。がんを患った後は闘病体験を題材に長編小説『いのち』を書き上げた。愛と自由を求める女性の魂を書き続けた瀬戸内寂聴。自分の足で立ち、常に前に進む姿勢を貫き、どこまでも情熱的に生きた99年の生涯だった。

「やっぱり生きてるってことは情熱を燃え立たせてなければつまらないですね。生ぬるい生き方をしたくない」

「自分自身の中にある、
もう一人の自分と語り合う場所を
持つべきである」

作詩家・作家
なかにし礼
（1938〜2020）

命からがらの引き揚げ

恋する女性の心情を大胆な言葉で表現し、昭和歌謡の黄金時代を築いた作詩家・なかにし礼《れい》。稀代のヒットメーカーとして約4000曲の歌詩を手がけ、黛《まゆずみ》ジュン「天使の誘惑」などで日本レコード大賞を3回、同作詩賞を2回ほか、数多くの賞を受賞している。

♪あなたと逢ったその日から　恋の奴隷になりました
　あなたの膝にからみつく　小犬のように

（奥村チヨ「恋の奴隷」作詩：なかにし礼、作曲：鈴木邦彦）

歌謡曲が大衆の中にあり、老若男女が一つの曲を口ずさむような時代だった。なかにしは詩に込めた思いについて、次のように語っている。

「歌というものは大衆のものであり、大衆というのは常に弱者である。弱者の中のそのまた弱者は誰かというと女性たちなんですね。その女性たちの喜怒哀楽、情緒、人情というものを捉えて歌にしていくことが、歌が果たすべき仕事だった」

50歳を過ぎ、時代が昭和から平成に移ると、歌謡曲の世界から小説の世界へと活躍の場を移した。2000年には『長崎ぶらぶら節』で直木賞を受賞。芸妓《げいぎ》が歌った長崎の民謡「ぶらぶら節」を題材にした小説だった。

なかにしは1938（昭和13）年、旧満州、現在の中国東北部で生まれた。三人兄姉の末っ子で、父親は造り酒屋を営む地元の名士だった。しかし、1945年8月、ソ連軍が国境を越えて旧満州へ侵攻。父親を亡くし、自身も何度も命の危機に晒された。

「生死の境をさまよって生き延びたことというのは僕の原体験です。旧満州で生まれて、そこで育ったということは抜き差しならない僕の原点になっています」

特に、終戦後の日本本土への引き揚げの経験は、当時少年だったなかにしの強烈な原体験として脳裏に焼き付いた。開拓民を乗せた軍用列車は、ソ連軍の攻撃の的になりながら、追いすがる開拓民をふりほどき、ひたすら逃避行を続けた。

「汽車に開拓民の人たちが『私たちも乗せて』と来る。しがみつかれた軍人たちが軍刀でその指を切ろうとする。（指を）切られるのは見たくもないから（乗せようとすると）『乗せてやりたいならお前が降りろ』と言われる。それも嫌だということで、迷いに迷って指を剝がす瞬間のこと（を覚えている）。落ちてしまえばそこは死の大地。暴動かソ連軍の爆弾にあたって死ぬか、何はともあれ死ぬ。食べ物もないし。それをやったときに、自分が人殺しの手助けをしたみたいな、死神の使い手をやったような印象で。自分の中にある最も邪悪なものを見たということが、僕の戦争体験の中で最大の経験だったと思う」

引き揚げの経験が人生観やものを見るときの価値観に大きな影響を与えたというなかにしは、このときのことを歌にしている。戦争体験を恋愛感情に置き換えて作詩していたのだ。一聴すると恋愛の歌だが、そこには満州を追われて日本に帰らざるを得なかった人々の気持ちが込められていた。

「恋の歌、また別れの哀しみの歌というのは、全部自分自身の旧満州における体験が元になっている。故郷を失い、父を失い、財産を失い、命からがら引き揚げ船で帰って来た。人や物と、また肉親と別れることはどんなに悲しいものかを体験したがゆえに、僕の別れの歌というのはひょっとすると（ほかの人が書くより）ちょっと悲しみの分量が多いかもしれない」

人生を変えた石原裕次郎との出会い

帰国後、北海道・小樽にある父親の実家に身を寄せた一家のもとへ、特攻隊に志願して出征していた15歳上の兄・正一が復員してきた。この兄が当時、投機の対象となっていたニシン漁に手を出して失敗。一家は全財産を失い、家を追い出され離散してしまう。

「うちの兄貴は戦争から戻って来て、22歳の若者が戦場で何を感じて帰って来たのかわからないけれども、とにかく無謀な男になって帰ってきた。そこで小樽の家を担保に入れて、当時の金で30万、今なら3000万、4000万とか、もっと多い金を借りて、当時流行っていたニシンの網を買って一攫千金を狙った」

さらに中学生のときに母が倒れる。なかにしは兄を頼って上京するが、貧しい暮らしが続いた。

「炭屋の丁稚やったり、ソバ屋の出前やったり、道路工夫をやったり、いろんなことしながら生活を支えていたんですけど、そんなことでは大学など進めない。19歳になったとき、シャンソン喫茶『ジロー』を知るわけです。そこに石井昌子というシャンソン歌手がいて、まあ可愛くてね。僕はその人に惚れたの。で、ラブレターを書いたら返事が来て、『あなたの愛には応えられないけど、あなたの手紙はなかなか詩的センスがある。私のシャンソンの訳詩をやってみないか』という話が来たの。僕は『やらして!』って」

まったく経験はなかったが、辞書を頼りに挑んだ初めての訳詩は石井に気に入られ、次々と訳詩の発注が来るようになる。それからは次々と訳詩の仕事をこなしていった。

そんな折、大きな転機が訪れる。大スター・石原裕次郎との偶然の出会いだ。なかにしが大学在学中に結婚した妻と静岡県下田市のホテルを訪れたときのこと。退屈しのぎにホテルにいるカップルを品定めしていた裕次郎が、いきなり呼びつけてビールを振る舞った相手がなかにし夫妻だった。そこでシャンソンの訳詩をしていると話したなかにしに、裕次郎は歌謡曲の作詩を勧めた。

「『日本人だったら日本の歌を書きゃいいじゃないか。俺が歌うような歌謡曲書きゃいいんだ。そしてガツンとヒットでも飛ばして作詩家になんなよ』と言われたわけ」

裕次郎の言葉をチャンスと捉えたなかにしは、歌謡曲の歌詩を書き上げて石原プロに持ち込むも音沙汰なし。その頃、売れずにくすぶっていた歌手・菅原洋一の曲を依頼される。レコードのB面に入れるカントリーのスタンダードナンバーのための訳詩だった。

「やってるうちに『あなたの過去など知りたくないの』という言葉がポッと浮かんだわけ。（中略）その歌が日本中に流れたり、日本人がみんなで歌ってるイメージというのが僕の頭に閃《ひらめ》いた。で、調べたら（それまでの歌謡曲の歌詩に）どこにも『過去』という言葉はない。これは日本の歌謡史上初めて登場する、ちょっと刺激的できわめて自然な言葉だと思って。この歌はひょっとして僕の初めてのヒット曲になるんじゃないかな、という熱い思いを曲をつくりながら感じたことを今でもまざまざと覚えています」

歌の持つ力と怖さを思い知らされた

このときの閃きは、シャンソンの訳詩を1000曲以上書いていて一度も得られなかったものだったという。しかし、問題が発生する。レコーディングで菅原が「過去」という部分が歌いにくいと言い始めたのだ。

「『カ行が二つ重なるようなの、礼さんダメだよ』『作詩家ならいい文句考えなよ』と生意気なことを言う。僕もそこで彼は年上ですけど『あんた歌手なんだからさ、歌手だったら歌手らしく上手く歌いなよ』と。もう殴りっこ寸前みたいな喧嘩。それをまわりが止めて『じゃ、やってみようよ、とにかく』。で、歌ったら、いいの」

当初B面の曲だったが、その後、A面の曲として発売された菅原洋一の「知りたくないの」は80万枚を超える売り上げを記録するヒット作となった。

「もし、あのとき『過去』という言葉を直されていたら、もし僕がそれに負けて書き直していたら、現在の自分は多分なかっただろうと思います。それ以来、僕は何千という歌を書いてきましたけど、常に自分の頭に閃いたインスピレーションというのを信じて、それを曲げないことを心に誓ってきました」

石原プロに持ち込んだものの、そのままになっていた「涙と雨にぬれて」も発売されて評判になり、なかにしに石原プロ期待の新人・黛ジュンが託される。そこで書き上げたのが「天使の誘惑」だった。1968年に発売されたこの曲は大ヒットを記録して、この年の日本レコード大賞を受賞。裕次郎の期待に応えた形となった。

「流れ星のようにチャンスは一杯ある。無数にチャンスが飛んでいくのね。それを的確にパッと捕まえる反射神経とか、幸運とか、磨かれたむき出しの感覚とか、敏捷《びんしょう》にそれをパッと掴みにいく勇気とか、いろいろなものがこちら側にないとチャンスはどんどん立ち去っていく。だから、こうと思ったものをパッと掴むことは絶対必要だと思ってるわけ」

その後も、恋する女性の繊細な気持ちを歌った曲が次々とヒット。一方で、報われない愛に生きる女性を男性の目線で歌った曲もあった。鶴岡雅義と東京ロマンチカ「君は心の妻だから」（作詩：なかにし礼、作曲：鶴岡雅義）である。

♪愛しながらも　運命《さだめ》にまけて
　別れたけれど　心はひとつ

「店に出てるバンドがこの歌を歌うわけですね。そうするともうホステスたちがみんなオイオイ泣き崩れるの。身につまされたように。僕はそれを見て、なんていうのか、歌の持つ力と怖さを本当にまざまざと知りましたね」

歌となり詩となり、共通言語となった

１９７０年はレコード売り上げ上位１００曲のうち、なかにしの作品が34曲を占めた。作詩家として絶頂を極めたが、この頃から再び兄に苦しめられることになる。兄は莫大な借金を重ね、負債をすべて弟に押しつけたのだ。

ヒット曲がたくさんあるから、印税はなかにしのもとへ次から次へと入ってくる。しかし、兄はそれを見越して借金を重ねていき、弟に頼る。なかにしにお金はまったく残らないどころか億単位の借金が残された。

「いつも僕はもう一文なしのような状態が続く。延々と。それどころか、借金の山に押

しつぶされそうになって。兄貴と決別して、16年間で3回しか会わないという生活になるんです。それで、僕は一生懸命借金を返して」

借金の心労から、なかにしはスランプに陥ってしまう。ところが、そこへやってきた兄はこう言った。「ニシンのことを書けばいいじゃないか」。兄のこの一言が名曲を生む。

♪海猫《ごめ》が鳴くから　ニシンが来ると
　赤い筒袖《つっぽ》の　やん衆がさわぐ（北原ミレイ「石狩挽歌」）

「石狩挽歌」（作詩：なかにし礼、作曲：浜圭介 ⓒ1975 by NICHION, INC.）は石狩の海のニシン漁を題材に、大きな夢を追いかけるが夢破れた男と、そんな男を支え続ける女の姿が描かれた曲だ。なかにしはこの曲に、破滅的な生き方を続ける兄への複雑な気持ちを込めた。なかにしはここでも、ある閃きを得る。歌詩の中でもとりわけ印象的な「オンボロロ」という言葉だ。

「あるとき、ふと気づいたら『オンボロロ』と出たんですよ。『オンボロロ』で書いた瞬間、これはもう間違いなく僕はヒットすると思いました」

「オンボロロ」って何でしょう？　という問いに後年なかにしはこう答えている。

「何でしょうね。要するにボロボロということなんですけど、それをオンボロと言うことによって、何か歌となり詩となり、そしてみんなの心と分かち合える共通言語になった」「石狩挽歌」は1975年の日本作詩大賞の作品賞を受賞。北原ミレイのほか、八代亜紀、石川さゆりなど多くの歌手が歌い継ぐ名曲となった。

書くことで救われる

なかにしは歌謡曲という一大ジャンルを隆盛させた立役者となったが、昭和が終わり平成となると、小説の執筆に力を傾けるようになる。

「僕は昭和という時代によって、自分が相当痛めつけられたと思っているわけ。僕が紡ぎ出した言葉とは、まったく昭和という時代が僕に書かせた言葉であり、僕の歌そのものが昭和という時代があってこその歌だなと自分では思っております」

98年、50歳を過ぎて初めて書いた、愛憎入り交じる兄をモデルにした小説『兄弟』は直木賞候補になった。

「創造するということは解放なんです。たとえば、兄貴には本当にいじめられた。それで兄貴は亡くなった。兄貴が死んだ瞬間、弟に『死んでくれてありがとう』って言われる兄貴ってどういう存在だったのかということを、解明してみせなきゃいけないわけ。とにかくしようじゃないかということで書いたのが『兄弟』という小説でね」

「兄貴のことは憎たらしくてしょうがないんだけど、一行一行書くことによって、自分の気持ちの中で浄化されていく。そういう作業をしてみたかったんです」

その後も、度重なる病と闘いながら、精力的に創作活動を続けた。

「二度のガンを患って、僕のことを死と向き合わせてくれたことによって、では何を書くことが物書きなんだということを考えたときに、より一層自分の心理、深層心理を掘り下げていって書いていく。書くことによって何か救われる」

満州での体験を男女の歌に託し、兄との相克を歌や小説に託した。常に自分を見つめ、沸き上がる感情を鮮烈な言葉に置き換え、多彩な作品を遺した82年の生涯だった。

「言葉で人の心と結ばれたい、人の心を動かしたいと思いながら、ずっとさまよっていて、常に音楽と一緒にやって来たわけです」

「こどもたちに言うの。やさしくね、やさしくね、
やさしいことはつよいのよっていうのは
私たちの合言葉なんです」

歌手・ねむの木学園園長
宮城まり子
（1927〜2020）

相手の立場を考えなさいという教え

人気歌手・俳優でありながら、身体の不自由なこどもたちのための養護施設「ねむの木学園」を設立し、運営した宮城《みやぎ》まり子。こどもの感性を絵や音楽で育む、独自の教育に力を注いだ。

「人間が、人間らしく幸せに、絵でも何でも、自分の持っている能力で暮らすことができて、それが文化的な生活ならね、福祉は文化じゃないかなって思ったの。当たり前のことを人間がしてるだけのことじゃないのって思うの」

宮城は「ねむの木学園」のほか、理想の教育を求めて開校した学校「ねむの木養護学校」（現「特別支援学校ねむの木」）、障害のある大人のための施設「ねむの木のどかな家」、大人になった子どもたちが働く場所を併設した「ねむの木村」をつくった。また、こどもたちによる絵画展、記録映画の監督、コンサートなどの文化活動のみならず、障害者に関する法改正を政府にはたらきかけるなど、日本の障害者福祉の先駆けとして活躍した。

宮城は１９２７（昭和２）年、東京・蒲田で工場を経営する裕福な家庭に生まれる。母は、宮城に相手を思いやることの大切さを教えた。

「たとえば泣かされて帰るでしょ、そうすると母が泣き止みなさいって言うの。あなたが泣いている間中、相手の子は辛いんだから、あなた泣き止みなさいって言うの。で、私、素直だから『はい』って言って泣き止んだの」

「母からも父からも私がいちばん言われて育ったことは、相手の立場を考えなさいということ。弱い子にやさしくしなければいけませんっていうこと。その弱い子にやさしくしなければなりませんということは一生涯とても大きいですね」

しかし、大阪に転居後、小学6年生のときに父が事業に失敗。さらに母が病死してしまう。ものをつくることが好きで、母が生きていた頃は絵描きや小説家になりたいと思っていた宮城だが、母の死後は学校の先生になろうと考えるようになった。

「私の母が、私が12歳のときに死にましてね。とっても悲しくて泣いてばかりいました。大きくなったらやさしい先生になって、私みたいに泣いてる子を慰めようと思いまして」

スター歌手からの転機

家庭の都合で進学を諦めた宮城は、17歳で初舞台を踏む。1955年、戦争で親を亡くした靴磨きの少年と花売りの少女を歌った「ガード下の靴みがき」が大ヒット。一躍スターの仲間入りをする。しかし、この曲は宮城のために書かれたものではなかった。

「あるとき、ひょっと見たら紙屑籠が置いてあってね、原稿用紙が丸めてポイっと捨ててあったの。レコード会社にある原稿用紙というのは、詞が書いてあるんじゃないかと思って、原稿用紙が可哀想だったんです。で、破けてないか、取って広げたら、『ガード下の靴みがき』（作詞：宮川哲夫、作曲：利根一郎）の歌詞とめぐりあったんです」

くしゃくしゃに丸めてあった歌詞に心惹かれた宮城は、この曲を歌わせてほしいと懇願し、自分で歌うことになった。

♪誰も買っては　呉れない花を
　抱いてあの娘が　泣いてゆく
　可愛想だよ　お月さん
　なんでこの世の　幸福《しあわせ》は
　ああ　みんなそっぽを　向くんだろ

「可哀想なのは靴みがきの少年だと人は思う。私も思うの。だけど、その可哀想だと思

う少年が、もっと可哀想だと思う花を売っている女の子のことを考えていることが好きだったの。(中略)

だから『ガード下の靴みがき』を歌ったのは、相手のことを想いなさいとかいろんなことのつながりね、そんなものもあるような気がするんです」

歌手として「NHK紅白歌合戦」に計8回出場、俳優としても舞台や映画で活躍していた宮城に大きな転機が訪れたのは、1960年のこと。ミュージカルで脳性麻痺のこどもを演じることになった宮城は、役について学ぶため、身体が不自由なこどものための施設「整肢療護園《せいしりょうごえん》」を訪れる。そこで知ったのは、障害を理由に学校に通うことができないこどもたちが日本中にいることだった。宮城は強い憤りを覚えたという。

「学校に行かなくてもいいっていう制度があって、就学猶予って言葉があったの。小中は行かなくてもいいと免除されるの。それが私は耐えられなくて。義務教育なら権利じゃないかと。権利があるのになぜ放棄しなきゃいけないいんだと思ってね。何も考えない私は、自分の体力も財力も能力も考えないで、誰もつくらないなら私がつくっちゃうって」

障害のあるこどもたちのための家をつくる。そう決意した宮城は、忙しい芸能活動の合間に一から医学と福祉を学んで構想を練った。相談相手になったのは、作家の吉行淳之介だった。吉行は妻子ある身だったが、宮城とは生活を共にするパートナーだった。吉行は宮城に三つの条件を出したという。

「愚痴を言わないこと、お金がないって言わないこと、やめないこと。それを守れるならまあやってもいいでしょって言ったの。それだけ君は責任を持ちなさい。君を信じてくれる人たちなんだから、君は裏切ってはいけません、やめてはいけませんよって。すごく厳しいけど、それが私を支えてくれていたと思います」

「ねむの木学園」設立へ

宮城は全財産を投じたが、都内の土地は高く、買えたのは静岡の土地だった。当時の厚生省へ何度も通い詰めて行政を動かし、手続きを行った。

そしてついに、１９６８年、肢体不自由児のための養護施設「ねむの木学園」を創設した。開園式は４月６日、最初の園児は８名。家庭的に恵まれず、学校に行けないこどもたちだった。俳優の道楽、売名行為との心ない言葉も浴びせられたが屈しなかった。それよりも重荷に感じたのは、受け入れたこどもたちに対する責任だったという。

「逃げて帰ろうかと思いました、初めてこどもたちに会ったとき」

しかし、宮城に勇気を与えたのは他ならぬこどもたちだった。親と別れて大泣きしていた子を、知的障害のある子が励まそうとしておかしな替え歌を歌ってやり、一緒になって笑っている姿を目の当たりにした宮城は、「こどもってなんて強いんだろう」と強く感じた。

「こどもって強いんだって思ったらね、これやって良かったんだって思って。だから（1972年）4月6日の開園式には嬉しそうな顔して出てます。冷たい風はね、私、こどもの代わりに引き受けると思って。私すごい大の字になって立ってる写真ある。でも素敵ですよ」

宮城は学園のこどもたちに愛情を注ぎ、強い絆で結ばれていく。いつしか宮城はこどもたちに「お母さん」と呼ばれるようになった。

こどもたちと向き合うときに大事にしていることは、という質問にはこう答えている。

「目を離さない。自分がほったらかし、黙殺されてるっていうことがいちばんこどもは悲しいと思うの。だから名前呼んであげない子が一人でもいたらいけませんね。一人呼んだら全員呼ばなきゃ」

宮城が「ねむの木学園」の構想を固めた頃、日本は高度経済成長期を迎えて暮らしは豊かになっていたが、障害者への支援は立ち遅れていた。宮城は「ねむの木学園」設立のほか、田中角栄首相に直接かけ合って法改正をうながすこともあった。1973年、田中首相は「福祉元年」を宣言したが、宮城は日本の福祉のあり方に違和感を持ち続けていた。

「今と同じ状態の福祉というのはつまらなくて、やっぱりもう少しね、文化と一緒にね、上がっていかなきゃいけないと思う。

みんなが幸せに暮らせて生きていることができるということが文化なら、福祉は文化じゃないかなって思い始めたんです」

こどもの個性を開花させていく

宮城はこどもたちの感性を磨く独自の教育を行った。たとえば、絵の授業。描き方の指導は一切しない。五感を刺激し、イメージを膨らませる。するとこどもたちは思い思いに線や色を重ね、独創的な作品を生み出していく。

開園当時、授業は地域の公立校から派遣された教師が受け持っていた。しかし、自由にカニを描こうとするこどもに正しいカニの足の本数を教えて叱ったり、描き損じだと判断した絵を燃やそうとしたりする教師を見て、悲しい思いをした宮城は、今後一切こどもたちの絵に口出しをしないと心に決める。

「こどもの作品なんだもん。描きかけでも、一本の線でも。その子の全力で描いたのなら、大切にしなくちゃっと」

宮城がこのように考えるようになった原点には、やさしかった母との思い出があった。

「母がね、大変自由に育ててくれたし、自由に絵を描かせてくれましたから。手が長い長い長い長いね、ラジオ体操の絵を描いて学校へ持って行ったの。でも、先生にこんな長い手はありませんから、もっとちゃんと描きなさいと言われて挫折しましてね、絵描きになるのは諦めたの。

だから私、ねむの木のこどもたちに、こんな風に描きなさいとか、違うでしょとか、そんなことは絶対言わない。わからないような絵を描いていたらね、『これ、何?』っていうのが一番傷つくと思うの。だから、『この絵のお話して』って言うの」

やがて、ねむの木学園のこどもたちの作品はアートとして高く評価されるようになり、画集が出版されたり、国内外で展覧会などが開かれたりするようになった。宮城は芸術において、障害はマイナスにはならないと言う。こどもたちの個性を芸術の力で開花させていった。

宮城の信念は、障害のあるこどもたちの「生きる意欲」をつくることだった。それまでの福祉ではまったくなかった考え方である。

「こどもたちはこんなに素晴らしいんだっていうことをわかってもらいたい。私は見ちゃったんだから、その素晴らしさをみんなに知ってほしいっていう、そんな気持ちで」

福祉は文化

こどもたちはやがて大人になる。学園の外に出て仕事を持ちたいと思うこどもが現れはじめていたが、多くの場合、受け入れ先の理解を得られず、学園に戻ってくるこどもが相次いだ。傷ついた彼らの姿を見て、宮城もまたショックを受けていた。

宮城は彼らの気持ちに応えるため、新しい居場所づくりを始める。参考にしたのは、オランダで見た、障害者が健常者と混じって仕事を持ち、暮らしていた福祉村だった。

「障害のある人もない人も一緒に暮らし、同等の立場でものを言い、絵を描き、ゆっくりでも仕事をする。それを見て聞いて羨ましくって」

1997年、美術館や文学館、喫茶店や売店を併設した「ねむの木村」を建設。大人になったこどもたちが仕事をしながら、自立して暮らせる仕組みをつくった。宮城は障害者が健常者とともに世の中の一員として、希望を持って生きられる社会を模索し、呼びかけ続けてきた。

「どうぞ、こどもたちが大人になって、世の中を生きていくことができるようにお守りくださいませ。大人になったこどもたちは、小さい頃と違って、国が守ってくださるお金は少なくなりました。これからこの子たちは自分の職業を得なければなりません。職業を持つ。難しいです。でも、皆様守って。福祉は文化。私はいつもそう思います。文化的な日本になれるようにお願いいたします」

70歳を過ぎてから、がんを患った。80代半ばには腰椎を骨折し、車椅子が欠かせなくなった。それでも園長を務め続け、体が動く限りこどもたちと向き合った。障害者福祉の先駆者であり続けた93年の人生だった。

「ねむの木のこどもはね、やさしいの。病気の野郎のいじめにあったから、それを我慢して乗り切ったからやさしいの。だから今度は人にやさしくすることを覚えたらいいでしょ。それでやさしいことはつよいのよって言うの」

「誰かが見てますよ。
だから一生懸命やるんです。
それは神様かどうかわかりませんけどね。
絶対に誰かが見てくれる」

福本清三 俳優
（1943〜2021）

写真：東映京都俳優部

「5万回斬られた男」の出発点

60年以上にわたって時代劇の「斬られ役」として活躍してきた俳優・福本清三《ふくもとせいぞう》。主役の強さを際立たせるド派手な斬られっぷりで「日本一の斬られ役」と呼ばれた。数えきれないほどの時代劇に出演し、「5万回斬られた男」の異名を持つ。

「いかにそのリアル感を出すか、斬られたようにね。主役がスパッと切って、こっちがコテンと(簡単に)死んだら、絵にならないし。バッと斬られたらガーッと(リアクションして)ズテン!(と倒れる)というような、そういうお芝居を入れて、観てる人が『あっ、ほんまに斬られたな』と思うようなアクションをするのが僕らの仕事だと思って」

福本は1943(昭和18)年、兵庫県生まれ。6人兄姉の5番目。中学卒業後、京都の米穀店に奉公に出るが、照れ屋で愛想よく接客ができなかったため、見かねた親戚の紹介で、京都・太秦《うずまさ》にある東映京都撮影所で働きはじめた。

仕事は雑用でもいいと思っていたが、放り込まれたのは役名すらつかない端役の俳優たちの控室「大部屋」だった。当時は映画の全盛期、年間100本以上の映画がつくられていて、エキストラが足りなかったのだ。福本は15歳で当時は500人近くいた日給250円の大部屋俳優になった。

「初めは死骸役だったんですよ。先輩がパッと斬られてから、『お前、代わりに寝とけ』『はい』といって死骸なんですよね」

最初は斬られる役ではなく、斬られた後の役を演じた。

「僕らはそこまでいかないわけです。薄目をあけて、こうやって主役の斬り方の上手さとか、斬られる人の技を（見ていた）、俺だったらこう倒れたいな、とかね。そういうことを思いながらね」

それまで映画もまともに観たことがなかった福本だったが、スターたちと一緒に仕事をすることで俳優の仕事の面白さに目覚める。片岡千恵蔵、市川右太衛門《うたえもん》のようなスターに憧れたこともあった。なかには大部屋俳優からチャンスを摑んで名脇役になった仲間もいた。しかし、初めて台詞のある役をもらったとき、福本は自分の限界に気づいたという。

「もう何回も何回もNG出しましてね。そのときもう、ほんまに『俺は役者に向かんな』とつくづく思いましたね。だから僕はスターにならんでええと。立ち回りのほうでスターになってやろうと」

数秒しかない出番でも全力で演じる

俳優を辞めることも考えたが思いとどまり、「斬られ役」としての技に磨きをかけていった。あるときは篝火《かがりび》とともに倒れ込む、あるときは斬られた勢いで縁側から転落する。生傷だらけになりながらも、主役が格好よく見えるよう心がけ続けた。

そんなとき、時代劇のスーパースター萬屋錦之介《よろずやきんのすけ》から声をかけられる。

「『お前、斬られ方上手いな』と言われて。『斬られ方が上手いというのは芝居ができるということや』。『えー、僕、芝居はできまへんで』って言うて……。スターさんから、上手いな言われたの初めてでね。萬屋さんを尊敬していたので、そういう方に言われてズン！ と来た。ああ、僕がやってたのは間違いじゃなかったなと。それで立ち回りにも自信が持てました」

自分だけの「斬られ方」、自分だけの「死に様」を模索する日々が続いた。斬られ役を極めようと、意外な人物のアクションを参考にした。喜劇王チャールズ・チャップリン。受け身を取らず、四方どの方向にも倒れる派手なアクションに衝撃を受けた。

「チャップリンさんの映画を観てると、バーンと倒れるんですよね。そうすると、ドーッとお客さんが笑う。なんでただ倒れただけで、と思っていて。で、よくよく考えてみたら、すごい倒れ方してるんですよ。喜劇だよね、その倒れ方がすごいからお客さんがドッと沸くわけですね。観ている僕らも、ワッと感動して。

チャップリンさん、映画に命かけてやっていたと思うんですよ。こだわりっちゅうんですか、スタッフ一同、主役と一丸となって作品に命を吹き込んだ。

喜劇の人でさえあれだけやってるんだから、僕らはそれ以上にやらなあかんと」

チャップリンの映画を何度も繰り返して観て、編み出した技の一つが「海老反り」である。斬られてもすぐには倒れず、いったん静止した後、大きくのけ反って、受け身を取らずに頭から倒れる。無様であること、格好悪いことにこだわった死に様だった。

「主役と僕の顔が同時に映るには、どうしたらいいかなと思ったのが、あれなんです」

福本はまずカメラに背を向けたまま、主役がカメラに映ることを計算した位置に立つ。そして斬られる瞬間、相手に合わせた間合いを取る。刀が絶対に届かない距離なので、主役は思い切り刀を振り下ろすことができる。カメラでは本当に斬られているように見える。そして海老反り。主役の顔と斬られる福本の顔が同時に映る。そして、そのまま倒れる。まさに福本にしかできない職人芸である。

「痛くないように倒れるというたら、もちろん痛くないように手をついてバタッと倒れられるんですけど……。痛みを感じて死なないと、観ている人も『あっ』と思ってくれないな、と」

「自分なりに、若いうちからずっとやってきて、人から、『あっ』と思ってもらえるためには一生懸命やるしかないと。日本国中で一人でもいい。『あいつ光ってるな』と思ってくれる人を一人つくろうと思ったんですよ」

たとえ数秒しかない出番でも、誰かがきっと見ていてくれる。気づいてくれる。そんな思いで、全力を傾けて演じ続けた。

「一生懸命に何も気にせず、その人の仕事を全うして夢中でやってるときが、やっぱりいちばん人間輝いてるときかなと」

俳優人生の集大成『太秦ライムライト』

やがて時代劇ファンの間で、福本の名前が次第に知られるようになる。斬られ役はエンドロールにクレジットされることはないが、全国各地から激励の手紙が届くようになり、ファンクラブまでつくられた。あるファンレターには「日本一の斬られ役」と記されていた。

日本一の斬られ役・福本清三の名は遠くハリウッドまで届くようになる。2003年に公開された映画『ラスト サムライ』ではトム・クルーズと共演を果たした。役柄は、トム・クルーズ演じる主人公を見張る寡黙な侍。クライマックスの戦いでは主人公を守って銃弾に倒れる。静謐さ漂う演技と豪快な殺陣、そして見事な死に様で世界の注目を集めた。04年の第27回日本アカデミー賞では、協会特別賞を授与された。ある番組では、次のように話している。

——ほんでトム・クルーズともやりましたな。

「とんでもございません。なんかの間違いですね、あれも」

——間違いと思いはったんですか。

「間違い。まったくですよ、僕らごときがですね、そんな。ましてやハリウッド映画に出してもらうなんて夢にも思っていなかったですからね」

——ハリウッドの映画なんてすごいじゃないですか。『ラスト サムライ』でしたか。

「はい。話を聞いたときは、びっくりしましたけどね。そんなことがあり得るんかなと」

13年、70歳になった福本のもとに、再び驚きのオファーが舞い込む。ついに映画の主役を務めることになったのだ。しかし、当初はオファーを固辞し続けた。自分は主役の器ではないと考えたからだ。

「主役というのはやっぱり、人気があって芝居ができて二枚目で、っちゅうのが三原則やろ。それでなかったら主役じゃない。僕には荷が重すぎますと」

それでも、時代劇の面白さを若い世代に伝えたいという一心で主役を引き受けた。そのときの心境を、福本は独特の表現で語っている。

「結論的には、応援してくれるみなさんに喜んでもらえるっちゅうんだったら。やっても地獄、やらんでも地獄、同じ地獄なら、やって地獄見ようかなと。そんなあれで、お引き受けしたんですけどね」

タイトルは『太秦《うずまさ》ライムライト』。福本が演じるのは、自分自身をモデルにした年老いた大部屋俳優。時代劇の衰退と自らの老いに戸惑う斬られ役が、次の世代を担う、山本千尋演じる新人女優に夢を託し、映画の世界から静かに身を引くという物語だ。福本が「海老反り」を編み出すために何度も繰り返し観た、尊敬してやまないチャップリンの晩年の傑作『ライムライト』にオマージュを捧げた作品である。

斬られ役一筋の福本は初めての主役に悪戦苦闘。50年の付き合いがある俳優・松方弘樹を挑発する台詞はなかなか出てこなかった。いかに芝居とはいえ、大部屋俳優がスター相手に暴言を吐くことができなかったからだ。何度もNGを出したが、やり抜いた。

手取り足取り殺陣を教えたヒロインに斬られるラストシーンでは「海老反り」が披露された。無様に、格好悪く見えるように考え抜いた「死に様」が、はかなくも美しくスクリーンに映し出された。使っている歴代のかつらは、いびつに変形している。さまざまな体勢で倒れるため、かつらがダメージを受けてきたのだ。

「それは痛いですよ。頭だって何回も打ってるんやもん。それは、自分が悪い……悪いっちゅうか、自分が勝手にやってるだけのことで。そんなん嫌だったらせんかったらいいねん。ケガして、お前アホやなと言われるのは、当然のことだとわかってるんです。自分でも」

ヒロインにかける台詞の中には、福本がかつて口にした「どこかで誰かが見ていてくれる」があった。福本の役者人生を体現する言葉だ。福本はこの映画で、カナダのファンタジア国際映画祭の最優秀主演男優賞を受賞した。

「日本一の斬られ役」「5万回斬られた男」——福本清三。多くのスターたちを輝かせ続け、最後に自らひときわ大きな光を放った。77年の生涯だった。

「絶対見てくれていることがわかっている。だからこそ、やらないかんということを、僕は何かのときに感じた。そんなことあり得ないんだけど、『ああ、あり得へんな』で終わったらいかんな、と自分で思ったんです。だから、誰かが見てくれるようにそこで頑張らないかんと」

「人間というのは、
どこで死んでもかまわない
という気持ちにならなきゃいけない」

僧侶
酒井雄哉
（1926〜2013）

皆のために拝み倒していく

酒井雄哉《さかいゆうさい》大僧正。天台宗の荒行で、仏道の中で最も厳しい行とされる「千日回峰行《せんにちかいほうぎょう》」を2度も成し遂げた僧侶である。

千日回峰行とは、延べ一千日、7年間かけて、比叡山に点在するお堂や塔、お墓、石仏、それに草木一本一本を拝み巡る最も過酷な修行である。歩く距離は地球約1周分の4万キロに及ぶ。

酒井は千日回峰行を1973年、47歳のときに始め、80年10月に満行。しかし、これに満足せず、半年後に2回目の千日回峰行に入り、87年7月に60歳という史上最高齢で二度目の満行を達成した。この究極の荒行を二度も満行した行者は、1200年を超える比叡山の歴史の中でもわずか3人しかいないとされている。

大阿闍梨《だいあじゃり》（千日回峰行などの修行を乗り越え、深い学識や高い徳を備えた僧侶の称号）となった酒井だが、自分のことを「人生の落伍者」と振り返る。

「まあ本当に、生涯通じてこんな出来の悪い、人生で言うなら落伍者ですな。そういう人間が、仏様のご加護によってここまで来られたということには、ひとえにお不動様に感謝して。ただ感謝するだけでなくして、そんな人間だから一生懸命、日本国中の人のために、皆のために拝み倒していくという、それだけですよ」

1926（大正15）年、大阪市生まれ。5歳のときに東京へ移る。慶應義塾商業学校に入学したものの学業に身が入らず、落第寸前のところ、軍隊に入隊するかわりに卒業が認められた。軍隊では熊本県人吉《ひとよし》の予科練に入隊。鹿児島県の鹿屋《かのや》飛行場に配属され、同僚が特別攻撃隊員として次々と命を落としていく様子を目の当たりにする。自らも訓練の最中に機銃掃射を受けるが、奇跡的に生き残った。

終戦後、父親が始めたラーメン店を手伝い、店は繁盛したが、原因不明の火事に巻き込まれて廃業を余儀なくされる。その後は闇屋やセールスマンなど様々な職業を転々とした。株売買のブローカーをしていたときは朝鮮戦争特需で大金を手にしたこともあったが、ソ連の最高指導者スターリンの死去にともなう「スターリン暴落」が起こると大損をして借金取りに追われることになる。栃木県佐野市のパチンコ店で働いていたが潰れて失業し、1合程度の牛乳を4日に分けて飲んで飢えをしのいだこともあった。

「学校行って落第したり、闇屋をやってみたり、お菓子屋さんのセールスマンになってみたり、自分で商売をやってみたり。そういうことをやって、良くなったり、悪くなったり、潰れたり。借金を背負ったりとか、お前嘘ついただろとか言われたり。そういうことをごちゃごちゃごちゃごちゃと繰り返していたわけです」

33歳のとき、親戚に紹介された従妹と結婚。しかし、新婚早々、妻が大阪の実家に帰ってしまう。連れ戻そうと迎えに行ったが、妻が自ら命を絶つ。結婚してわずか2か月のことだった。

「結局、うちの嫁さんが自殺しちゃって。しばらく大阪にいたときに、気持ちがボーッとしてしまったんですね。伯母さんのところの仕事を手伝っていたんだけど、時々サボッていると伯母さんが怒ってつかまえに来るわけです。

なんとか伯母さんから逃れる方法はないかと思っていろいろ考えて、『そうだ、ここから姿を消しちゃえばいいだろう』と、比叡山まで歩いていって。そうしたら何を思ったのか、（比叡山が）次の日から礼拝行をさせてくれたんです。

礼拝行って、立ったり座ったりする五体投地（両膝・両肘・額を地面に投げ伏す礼拝のこと）があるでしょ。あれを108遍立ったり座ったりするの。それを1日3回やんなさいという。普通ですと、そんなにやると筋肉が固まって、動きが取れないんです。ところがどういうわけか、やればやるほど嬉しくなっちゃって。ニコニコニコニコしながら、とうとうやり終えちゃった」

妻に自殺され出合った「行」

亡き妻の実家の鉄工所を手伝いながら、比叡山に通う日々が5年続いた。あるとき、酒井に偶然の出会いが訪れる。

「自分の嫁さんが死んでね、比叡山にお参りに来て、もう何年前になりますか。宮本一《いち》乗《じょう》というお坊さんおられますけどね。そのお方がちょうど千日（回峰行）の堂入りをしている。終わったときだったたんですな」

「たまたま比叡山にお参りしているときに、それにぶつかったわけです。泊まったときにね、今日は偉い坊さんが山で行をしてお堂から出る日だから、ちょっと夜中にお参りに行ったらどうだと言われて。初めて明王堂のところでお参りさせていただいた。

そしたら（宮本一乗師が）断食断水して頬が落ちててね。その人がお堂を3回ぐるぐる回る。それを見て、びっくりしちゃったんです。きゃあ、と思ってね。世の中にはこういうような生き方があるのかなと思ってね。それでちょいちょい、いろんなことを考えるようになったんです」

酒井が偶然出会ったのは、後に戦後6人目の千日回峰行者となる宮本一乗師だった。命がけで修行に生きる世界があると知った酒井は大きな衝撃を受けたという。

寺での暮らしに安らぎを見出した酒井は39歳で得度。この年齢で出家するのは異例のことだった。ここが人生の剣が峰と自覚し、叡山学院では10代、20代の若者とともに必死で学んで首席で卒業した。

その後、酒井は住職になるための修行「三年籠山行《ろうざんぎょう》」に入る。3年間、比叡山に籠もり続ける行で、食事や掃除、日常生活のすべてが修行となる。なかでも「常行三昧《じょうぎょうざんまい》」と呼ばれる修行は、90日間、横になることも座ることも許されない過酷なものだった。

「常行というのは言葉の通り休んじゃいけないんですね、だから座ることが許されない。食事するときでも立って食べる。

それで休むことも許されないから、どうしても限界に達するときか、睡魔に襲われていよいよ動けなくなったら、柱と柱の間に丸太棒を桟《さん》のように縛りつけて、寄りかかって睡魔を調節するわけです。ですけど、やっぱり眠いからトロッとするときがあるんですね。

ちょうど最終電車に乗って、眠くてどうしようもなくて、カクンとすることがあるでしょ。あれのすごいやつなんですな。バーンと落ちるんですよ。それで鼻を擦ったり、おでこを打ったり。それでまた息を吹き返してね。目開いて、それでまたグル～ッと回るんですね」

ある日の明け方、酒井は不思議な体験をする。

「阿弥陀堂のところに来て、琵琶湖の方を見たら、白夜のような、なんともいえない緑というか水色の光になっていた。『いやあ、きれいだな』と思って阿弥陀の方を見たら、こっちは（朝日で）赤くなっている。こっち（琵琶湖のほう）は青くなってて。『なんだろうな』と思っているうちに、お薬師さん（延暦寺根本中堂の本尊、薬師如来）の前に月光菩薩《がっこうぼさつ》と日光菩薩があるでしょ。だから太陽と月でもって『仏様ってあるんだぜ』ということを教えてくれたんだなあ、と思いながら自分なりに『ははあ、太陽と月に照らされる真ん中にいるのは自分じゃないか』と。自分の心の中に仏様があるということを仏様が教えてくれたんじゃないかと思って」

この頃から酒井は、行が「人間の生きる基本条件」のように思うようになり、心の中に仏の存在を強く意識するようになったという。

47歳で三年籠山行を終えて、延暦寺一山寺院の住職になった酒井は、「人々のために何をすべきか」を考えるようになる。

「それじゃこれからどうやってお寺の人間として社会に役に立つ人間になっていくかということを考えると。（中略）

教学（宗教を研究する学問）は、勉強があまりできる方じゃないからダメだし。結局残ったのは振り出しに戻って身体が丈夫になる行。それじゃ、これ（行）をやっていくべきじゃないかなと」

不退転の決意で千日回峰行へ

生きる道を修行に求めた酒井は、千日回峰行に挑む決意をする。1973年の春、47歳のときだった。

千日回峰行は「行不退《ぎょうふたい》」とされ、途中で行を続けられなくなったら自害する覚悟で臨まなければいけないという厳しい戒律がある。そのための死出紐《しでひも》と降魔《ごうま》の剣（短剣）、三途の川の渡り賃である六文銭を携帯して修行を行う。

「不退転というかね、絶対に退くことができない。一歩出て行ったら、後ろに下がっちゃいけない。だから、たとえ物を落としたからいうて、後ろに戻って拾うことが許されない。たとえば、どっかでお数珠を置き忘れたりすると。草鞋《わらじ》の紐でも直そうとしてて ひょっと立って出ていく。次の拝むところに行って気がついたってんで、お数珠がない。普通だったら駆け足で前のところへ行って取ってくる。それができないわけ。もう一歩出て行ったら後ろに下がっちゃいけない。

それと同じで、行をダメですとか、今で言うギブアップするようなら腹を切りなさいという。それでもって短刀を用意しまして。それから死出紐というて、首吊り用の紐を持っている。死巾というて、ちょうどこういう四角い顔に被せるようなね、そういうのも持って歩いて。

いつ死んでもいいように。頭もきれいにしているのはおしゃれでしているのじゃないの。いつ死んでも皆様にご迷惑かけないように、そのまんまお葬式というか、どっか死体を片付けてもらうように。そういう身だしなみなんです」

千日回峰行で最大の難関は700日目の「堂入り」である。9日間断食、断水、不眠不臥で、行者は死と向き合いながら、不動真言を10万回唱えて不動明王と一体となることを願う。死を覚悟して行う修行である。酒井は堂入りの前日にこのようなことを語っていた。

「万が一やね、9割9分9厘9毛のうちの糸が切れて、こと切れた場合は、僕はこのまんま筵《むしろ》に包まれて、ボーンと谷底にでも放ってもろて。そして自分の肉体が結局、崩れ落ちて、地に戻って、木でもいい、雑草でもいい、それにまた生まれ変わってきて、そして自然の中に溶け込んで、自然を守る一員になりたいと、そう思ってる。だからもう死ぬときは草か木でもなって、空気中から水分を吸い込んで、それで一滴の雫が下に落ちたやつが地下水となって琵琶湖に流れていって、そして琵琶湖の水をいつまでも京都とか大阪とかそういう人たちに、いつも新鮮な水、清浄な水を飲んでもらえるように願っている」

4日目あたりになると、自分から死臭が漂ってくるのがわかったという。それでも真言を唱えながら耐え続ける。支えになったのは、「生きのびる」という気持ちだった。

「4日目ぐらいを過ぎてくると、なんだか桃源郷という言葉があって、ふぁっといい気持ちになってね。こんないい気持ちなら、このまんま死んだほうが楽かなと思うときもあるしね。夕方になると、お水取りのところで外気に触れてね。そしたら、みんなが念仏唱えたり、真文《しんもん》（経文）唱えたりしているでしょ。やっぱり声が聞こえるからね。こんだけみんなが心配して、お参りに来てくれているんだから、生きのびて、仏様のご加護を受けて、その受けた功徳をこの人たちに分けなきゃ本当の行者と違うのかな、というような意味で、元気づけられた。それで出て来られるんだな。これ、そういうものがなかったら、4日間ぐらいでポコンと逝っちゃうんじゃないの」

「行」は人生の砦

54歳のとき、酒井は一回目の千日回峰行の満行を迎えた。満行によって酒井は、阿闍梨に生まれ変わった。阿闍梨とは梵語《ぼんご》で他を導く高僧という意味である。

「要するに行があったからこそ、ここまで来られた。だから行をはずしちゃったら何にも残らない。一つの砦《とりで》だね、人生の。行というより「行」そのものが人生の砦になっていくわけ」

酒井は再び歩き出す。満行のわずか半年後に二度目の千日回峰行に入った。二度目の満行は60歳を迎えていた。そして酒井の「歩く行」は、中国をはじめ世界各地に及ぶ。酒井の教えは、多くの人々の心を癒やし続けた。

「今、生きていること自体、呼吸して生きていること自体が、感謝の気持ちでね。それで世の中というのは、やっぱり酷なようだけど無常の世界だからね。いつ何が起きても当たり前なんで。自然の中にいるんだから」

第2章

大切にしたいもの、守りたい心

「映画俳優って一番大事なところは何かっていうと、
その感受性の所だけなのかなっていう気がしますね。
それはもう**自分の感性、**
感じられる心を大事にする」

高倉 健 俳優
（1931〜2014）

「健さん」はいかにして誕生したか

日本を代表する映画スター、俳優・高倉健《たかくらけん》。

寡黙で不器用、ストイックで一本気で忍耐強く、いつだって筋を通し、信念を貫く男の中の男。そして厳しさだけでなく、優しさも持ち合わせている——。高倉健が演じてきた登場人物の生き方に、多くの人々が感銘を受けてきた。ある時期の日本中の男たち、いや女たちまでもが「健さん」に憧れて一度は真似をしたいと思ったのではないだろうか。

国民的スターと言われた高倉健だが、テレビのバラエティ番組やトーク番組への出演は数えるほどで、プライベートはほとんど明かされなかった。しかし、70歳のときに出演した番組では、俳優人生を次のように振り返っている。

「俳優という仕事は、僕はとても嫌な仕事だと思って、でも生きていくためにはこれしかないと。惚れた女の子と一緒になるには、一緒に暮らすのには、俳優しかないと思ってなったんです。今でもお金は欲しいですけれども、どこかでなにか、それだけ追い求めているると後悔するぞ、っていうのがちょっと出てきたんです。

休みを取って、世界中どこへ行きたいと思えばどこへでも行けて、いいホテルに泊まって、いいレストランで飯を食べて、そういうことは考えなくてもメニューの値段表を見なくても飯が食えるように、いつの間にかなってしまった。（中略）やっぱり、この仕事をやってきて良かったと思えるのはそういうことではなくて、鳥肌の立つような感動をしたときですね、ああ、自分で良かったなと」

自身の言葉のとおり、高倉は俳優を志望していたわけではなかった。1931（昭和6）年、九州の炭坑の町に生まれる。父親が炭鉱関係者だったため、子どもの頃から炭鉱夫たちと交わりながら暮らしてきた。

「1年に何回も死体を見ました。学校に行くときに、昨日ここで喧嘩があったとムシロをかけられて。だいたい盆踊りとか、夏になると必ず1、2回は死体を見たね。非常に気の荒い地域というのは、炭鉱で働くために地方から流れ流れてきた人たちが一杯いたということでしょうね」

幼少期は虚弱だったが、中学生・高校生の頃に英語とボクシングに興味を持つ。その後、貿易商を目指して明治大学に進学。卒業するも就職先がなく、実家の商売を手伝っていたが、恋人との結婚を反対され再び上京。知人の紹介で、美空ひばりなどが所属する芸能プロダクションのマネージャーになるために面接を受けているところを、居合わせた東映東京撮影所の所長で映画プロデューサーのマキノ光雄にスカウトされて俳優の道を歩くことになる。

「『俳優になる気はないか』って言われて、『いやあ、考えたことありません』。『やってみるか？』って。何でもいいからやらないと食えないんで」

55年に東映入社。演技経験は皆無だったため、演技のレッスンを受けていると、まわりから笑われてばかりだったという。

「皆が笑って授業が進まないから見学。『お前は（俳優に）向かないから辞めろ』って言われたこともあった。意外とそれは結構ツボにはまって、『えーい、じゃ絶対になってやる』と俺が思ったのかもしれないけれどね」

あの血が僕の中にはある

デビューは56年の『電光空手打ち』。主役デビューだったが、俳優を目指していたわけではないので嬉しさはなく、情けなさばかりが募った。

「カメラテストでドーランを（映画や演劇のメイクに使われる白粉）を塗られたときは涙が出た。今は平気な顔してやってもらってるけれどね。何か自分がものすごく、お金のために身を窶《やつ》したって気がしてね。

だって、親父は『帰ってこなくていい』って言ったんだから。それはやっぱり恥ずかしいと親が思ったということでしょう。筑豊地帯一帯、それが川筋の気風だったんだよね。とても恥ずかしいものに、大学まで出したのになりやがったという」

二枚目半の役柄を中心に、さまざまなジャンルの作品に出演したが、なかなか芽が出なかった。スターへの足がかりとなったのは、東映が乗り出した任俠《にんきょう》映画路線、すなわちやくざ映画だ。主演に抜擢された『日本俠客伝』が大ヒットを記録する。昔気質で仁義に厚い職人や博徒たちが、悪どい新興やくざに追い込まれて我慢に我慢を重ねた末、ついに決起して復讐を果たすという物語だった。高倉はストイックだが若くてエネルギッシュな職人を演じて、爆発的な人気を獲得する。

「僕はね、物凄く気が短いんです、実は。非常に激しい。今までもありました。『この野郎、殺してやろうかな』って思うこと。何回もあります、そういうことは。だから、ああいう役をやれるんでしょうね。

お袋は（それを見て）すごい悲しみました。入れ墨みたいな格好をやったりすることに対して。でも、僕の中にはあるんです、あの血が。血ですね。今までよく罪を犯さないでここまで来たなと思います」

その後も高倉主演の任俠映画は次々と大ヒット。映画館には人が詰めかけ、「死んでもらうぜ」などの決め台詞は流行語にもなった。

「（映画館の）通路も全部座ってる、（人があふれて）こんなにドアが開いちゃって閉まらないっていう。何回か劇場に見に行って、これは何なのかって思ったことがあります。僕にはわかりません。なんでこんなに熱狂するのかな、というのは。だから、（映画は）とても怖いメディアだよね。明らかに見終わった後、人が違ってるものね」

「いい俳優」を目指すための転換点

人気絶頂。「健さん」の映画を観た後は、みんながスクリーンの中の「健さん」のように肩で風を切って歩いたという。

しかし、猛烈な忙しさの中で、演じるのは現実離れしたストーリーとヒーロー像ばかりだった。次から次へと現場をこなしていくうちに、次第に演技に気持ちを込められなくなった高倉。徐々に悩みを深めていく。自分はこのような役ばかり演じていていいのだろうか、このままで終わってしまうのではないか、と。しかし、映画会社の社員である限り、仕事は選べない。

「黄色が好きだから黄色に変わっていきたいといっても、俳優っていうのは、なかなかそういう風にはなれないもので、来る仕事を待つしかありませんから」

葛藤の末、高倉は会社を辞める決断をする。それは安定した収入や看板スターの座をすべて捨てることを意味していた。45歳のときのことだった。高倉は後に「あえて厳しい道を選んだ」と振り返る。

「あえて、選んだんだね。やると言ったんだから、それが運命ということでしょうね。やっぱり同じパターンでやくざ物ばかりやってても変われないなと思って、志願して出ていったんだけれど。それは行った人しかわからないね。いい俳優になりたいと思ったからだよね」

「いい俳優」とは何か。それを探すため、高倉の新しいフィールドでの挑戦が始まった。77年には、まったくジャンルの異なる2本の映画に主演している。一つは森谷司郎監督の『八甲田山』。青森の連隊210名が雪中行軍の演習中に遭難したという実際の事件を題材にした大作だ。零下20度を下回る真冬の八甲田山で二冬もロケを敢行するなど、撮影は3年にも及んだ。独立したばかりの高倉は生活費を心配せずに撮影に集中するためマンションなどの不動産と車を売却している。

「それは辛いよね、あの雪の中で。体はどんどん痩せていくし。じっとしてるだけで痩せるんだよね、寒いって。

今でも覚えているけれど、初めて買ったマンション、それからベンツのSL。みんな売ったんだ。CMもやってない。何もやらない。あれだけにかかりっきりでやったから」

最高のものは一回のみ

一方、山田洋次監督『幸福の黄色いハンカチ』(77年)は北海道を舞台にしたロードムービーだ。任侠映画とは対照的とも言える人情ドラマで、高倉は刑務所を出所したばかりの男を演じた。出所した後、食堂でしょうゆラーメンとカツ丼を食べるシーンでは、二日ほど絶食してから撮影に臨んで監督を驚かせた。

その後も、『野性の証明』(78年)、『駅STATION』(81年)、『南極物語』(83年)、『あ・うん』(89年)、『鉄道員(ぽっぽや)』(99年)などの数々の大作、話題作で主演を務めてきた。

高倉が追い求めた「いい俳優」とは、型にはまったような決まりきった役を演じて決め台詞を言うのではなく、「揺れ動く心」を演じられる俳優のことだ。全身を研ぎ澄まして登場人物の心を探り出す。演じる人物の心が高ぶった瞬間を、少ない台詞と動きで表現する。そのため、本番での撮影を何テイクも重ねない。重要なシーンほど一度で撮りきることが多い。

「自分の中で感じられないことってできない。心の話だから。やっぱり自然によぎって行くものじゃないのかね。よぎらないけれど、よぎっているように見せるのがお芝居なのかもしれないけれど、映画は違うって気がする。映画はそうじゃない。それは本当によぎらないと。

だから僕は、同じこと何回もやれと言われたら絶対できない。多分最高のものは一回だって黒澤監督でもおっしゃってたというし、僕も絶対そうだと思います」

台本を繰り返し読むこともない。慣れることをよしとしない。

「台本をいただいて、感じる場所がいくつか、さっと鳥肌が立つような場所がいくつかあると、そこはあまり読みたくない。決まった台詞を、歌を歌うように言ってしまうという、そういうふうになるような気がして。慣れない方がいいということです」

高倉は演じるとき、何よりも「自分の心によぎる本当の気持ち」を大切にしている。心をよぎった本当の気持ちは、演技に自然とにじみ出るものだと。ロケ地の空気、風景、現場の雰囲気。そうしたものから「本当の気持ち」につながる何かを見つけ出して、気持ちを高ぶらせる。

「僕が一番ピリッとするのは、好きなスタッフに見つめられるとき。ブルブルッてします。それは本当に口に出して言っても、なかなかわかってもらえないと思いますけれども。自分が心で感じることですから。鳥肌が本当に立つんですね」

撮影現場で気持ちが高まった瞬間、登場人物の「揺れ動く心」が表現できる。それは一度きりのこと。高倉は、映画での演技はテクニックではないと言い切る。

「本人の生き方かな、生き方がやっぱり出るんでしょうね。テクニックではない。体操も毎日いいトレーナーについてやっていれば、(体を)壊さないで柔らかくなる。あと、本を読んで勉強すれば、ある程度の知恵もつく。でも、その生き方っていうのが一番出るのは、その人の普段の生き方じゃないですか、偉そうなことを言うようですけれど」

作品の隅々にまで溢れる美学

普段どんな生活をしているのか、どんな人と付き合っているか、何に感動し、何に感謝をするか。そうした役者自身の生き方が演技に出る。高倉はそう考えていた。

俳優として体調管理を厳しく行ってきた。任俠映画に出ているときから、ストイックな役柄を演じるために酒を断っていた。トレーニングとウォーキングも毎日欠かさず行い、食事制限もしてきたおかげでウェストのサイズはずっと一定だった。

精神面も、常に繊細で感受性が高い状態にいられるようにしていた。持ち歩いている台本には、會津八一の短歌、東日本大震災で被災した少年の写真などが貼られていた。そのほかにも、山本周五郎の書籍を開き、山下達郎の曲を毎日聴いていたという。

撮影の合間には長い旅に出ることが多かった。そこで見る風景や人との出会いと別れをたくさん積み重ねてきた。

「いい風に吹かれていたいですよね。あんまりキツい風にばかり吹かれていると、人に優しくなれないい。だから、いい風に吹かれるためには自分が意識して、いい風の吹きそうなところへ、自分の身体と心を持っていかないと。きっと待っていてもなかなか吹いてきませんから」

映画の現場そのものが旅のような場合もある。中国・日本合作の映画『単騎、千里を走る。』(06年)は中国で約8割のロケを行った。中国側の出演者は全員、素人。なかでも、生き別れた息子に一目会いたいと思いを吐き出す受刑者を演じた人の演技に、高倉は強く心を打たれたという。

「やっぱりお芝居じゃない何かを感じる。非常に新鮮ですね。お芝居って何だったのかな、なんて思います。今頃になってちょっと遅いんだけれど。何か強烈に伝わってきますね、生きているってこと」

その人の生き方が芝居に出るからこそ、映画の中で俳優が登場人物の人生を表現できる。高倉はそう考えていた。そして、それこそが俳優の価値なのだと。

生涯で出演した映画は205本に達する。任侠映画のスターだった「健さん」は、やがて国民的スターの「健さん」になった。観客はスクリーンの中で高倉健が演じる、さまざまな男の生き方と人生そのものに没入し、共感してきた。

「笑うとか、泣くとか、怒るとか、入れ墨を入れて人を斬るとか、芝居っていろいろなものがあるんだろうけれど、こういう人生もあって皆さんどう思いますか、っていう。こういう生き方も悪くないんじゃないですか、ということを見せたい。その人の人生体験というか、それが俳優さんの価値なんでしょうね」

俳優が登場人物の人生を表現するには、その人の人生体験が必要になる。だから、自分自身の生き方を大切にしていた。誰と出会い、何に感動し、何に感謝するか。「主人公が好きにならないと僕はできません」と語っていた高倉が自分自身の感受性を高めて演じる人物は、いつも本人と同じようにストイックで寡黙で不器用で優しい男だった。高倉健の美学は、出演した作品の隅々にまで溢れている。高倉健は、生涯〝高倉健〟であり続けた。

「何か鳥肌が立たなくなったら、辞めなきゃいけないかなと思ってますけれども。鳥肌が、何か立つ間はやっていきたいですね。そう思います」

「自分を主張しながら、しっかり自分を持って生きなさい。」

お互いに認め合いながら生きる。

脚本家

橋田壽賀子

（1925〜2021）

母親の愛情が重たい

最高視聴率62・9％という記録的な数字を残した朝の連続テレビ小説『おしん』、21年にもわたって放送されたホームドラマ『渡る世間は鬼ばかり』など、女性脚本家の草分けとして数々の大ヒット作を世に送り出した橋田壽賀子《はしだすがこ》。時代劇から現代劇まで、女性ならではの優しくも鋭い目線で描き続けたのは、いつも家族の物語だった。

橋田は１９２５（大正14）年、日本の植民地だった現在の韓国・ソウルで生まれた。母は結婚7年目にようやく授かった一人娘を溺愛し、日本の教育を受けさせようと母子二人で帰国、大阪・堺市に移り住む。しかし、橋田は母のもとから離れたいとばかり考えていた。

「ずっと母と子ですから。母子家庭ですから、ずっとこう（視野が狭い）なんですよ。私のことしか見てない。それがすごく重かったんですね。なんかもう、お母さん、母親の愛情から逃げたい、もっと自由になりたいとその一念ですね」

母は女学校を卒業させたら、娘を結婚させるつもりだった。それを知った橋田は、密かに日本女子大学を受験。母の猛反対を押し切って上京する。

「あのときはもう必死でしたね。母の言う通りに生きてたら、この母の敷いたレールを走ってたら、私の人生はないって子ども心に思ってましたもん」

女子大を卒業したら家に連れ戻されると考えた橋田は、東京に残るために国語学者を目指して東京大学を受験するも失敗、同時に受験していた早稲田大学に入学する。橋田は大学で出会った演劇に夢中になり、女優として舞台に立つ一方、脚本も担当した。

1947年、映画監督志望の青年・斎藤武市《ぶいち》（後に『渡り鳥シリーズ』などを監督）に教えられ、松竹の脚本養成所が研究生を募集していることを知る。橋田は卒業を待たずに喜び勇んで応募する。

「その頃、映画の全盛期ですから（面接会場の）大船の小学校に1500人とか受けにきて。その中から50人取って、入っちゃったんです。（中略）半年養成されて25人残り、最後に6人の中に女が1人入った。（中略）こうなりたいと思ってるんじゃなくて、親から逃げたい逃げたいといって、たどりついたのがシナリオライターだった」

男社会の理不尽を乗り越えて

橋田は女性初の脚本部員として松竹に入社した。しかし、橋田が飛び込んだ映画の世界は、典型的な男社会だった。

「みんな旅館へこもってお仕事なさるんです。そうすると女はそんなところに混じれないじゃないですか。だからみんなに嫌われるし、そういうとこでたまに宴会なんかあったりするとお酌しなきゃなんないじゃない。私は嫌なの。『同じライターなのに、男のライターになんで女がお酌しなきゃならないんですか』とか言うから、やっぱり嫌な女に見えたんですね」

「一緒に仕事していてもお酒も飲めないし、麻雀もできないし、風呂にも一緒に入れないし。みんなそういう共同作業の中で脚本ができていった時代なの。そういう不思議な映画の世界なんですけれど、それに混じれないし、女だからバカにされていましたし、仕事は来なかったですね」

初めてオリジナルの脚本を書いたにもかかわらず、試写会で完成した作品を見たら、自分の書いた台詞がまったくないこともあった。

「女ですからね、いじめが多かったです」

脚本の仕事で悪戦苦闘しているうちに、母と父が相次いで亡くなった。天涯孤独の身になった橋田は一人で生きていこうと決意するが、脚本の仕事はうまくいかない。入社から10年、秘書室へ異動を命じられたのを拒絶して松竹を退職。フリーの脚本家の道を歩み始める。

大嫌いになった映画の世界ではなく、テレビの脚本の世界で生きていこうと決意したのは、皇太子ご成婚の生中継を見たのがきっかけだった。テレビ時代の到来を予感した橋田は、脚本を書き上げてテレビ局に持ち込むようになる。

「『七人の刑事』とか『夫婦百景』とかっていう30分の番組（ドラマ）があって、そういうところに持ち込むわけです。勝手に書いて、知らない人に『あのすみません、これ書きましたから』。で、こんなに（脚本が）積んであるわけです、机の上に。だから目立つように赤いリボンをつけて、『赤いリボンのが私ですから、ぜひ読んでください』って」

「『夫婦百景』のほうは、プロデューサーが電車の中に原稿を忘れちゃったんです。それで『ごめんな、君の原稿な、電車の網棚に載せて失くしちゃったんだよ』って。それで帰ってきまして、一晩でまた同じものを書いてきたの。向こうのプロデューサーがびっくりしちゃって、『ああ、そうか。じゃあ、やるよりしょうがない』って」

こうしてテレビドラマの脚本が『夫婦百景』に初めて採用されたが、当初は仕事があったとしても月に1本程度。その後、『愛と死をみつめて』などを手がけて人気脚本家の一人になってもフリーの立場は弱く、自分の思い通りにドラマを書くことはできなかった。

「プロデューサーがごちゃごちゃ言うんです。結婚させたいのに別れさせろとか、別れさせようとしたら結婚させるとか。もうめちゃくちゃなの。で、こんなに自分を曲げて書き続けるのはもうごめんだわと」

大きな転機がやってきたのは41歳のとき。TBSの編成局に務める4歳年下の男性・岩崎嘉一との結婚だった。一つ目の大きな変化は、生活に不安がなくなったことだった。

「結婚して月給もらってから強くなりました。ケンカして自分を通す（ことができるようになった）。やめても、ケツまくって帰ってきちゃっても、月給があると食べさせてくれますからね。絶対直さなくなりました。結婚してから（脚本家として）芽が出たのは、そういうことです。（中略）

やっぱり自分のものが書けてきたときに、初めてシナリオライターらしい仕事ができる。だから結婚様々でございます」

家族を知って書けた世界

もう一つの大きな変化は、両親を早くに亡くした橋田に家族ができたことだった。義理の母やきょうだいたちとの複雑な人間関係は新鮮な驚きだった。

「ずっと一人で来ましたから、家族ってものを知らなかったんですね。結婚して初めて『えー、夫婦ってこんなもんか』とか『お姑さんってこういうもんか』とか」

「姑がどういうことを言うと嫁さんが悔しくて、どういうことを嫁さんが言うとお姑さんが怒るっていうのは、お互いわかってるから言わないじゃないですか。だけど言ったらどうなるかっていうのがやっぱり書きたくて」

結婚生活を通して、夫婦、嫁姑、家族などについて多くのことを学んだ。結婚での発見を活かして書いたドラマが『となりの芝生』。息子夫婦と同居することになった姑が、ことあるごとに嫁に難癖をつけ、容赦なくいびる。これまでにない辛口のホームドラマだった。ドラマは大きな反響を呼び、全国で「嫁姑」論争を巻き起こした。

「一人でいたら、ああいうドラマは書けなかったと思うんです。（中略）お義母さんとは関係ないから書けたんですけど、それでもお姑さんがいなかったら書けなかった」

時代劇でも橋田の手にかかればホームドラマになる。豊臣秀吉の妻、ねねを主人公にした大河ドラマ『おんな太閤記』は、戦乱の世に生きる人々の姿を人情味あふれるホームドラマとして描き、最高視聴率36・8％という大ヒットになった。

「みなさんは、茶の間でみんながわいわい騒いでたり、それからご飯食べてるのをホームドラマって呼んでらっしゃる。でも、人間を描くってことは全部〝ホーム〟を背負ってる人たちを描く、家庭を背負ってる人たちを描くわけですから、広義ではどんなドラマにでもホームドラマの要素はあると思います」

日本人はもう一度原点に帰るべき

1983年に放送された連続テレビ小説『おしん』は、山形の寒村に生まれたヒロインが明治から昭和の激動の時代を生き抜く物語だ。橋田は振り返り、こう語っている。

「私自身の人生を集大成できるものが書けた」

最高視聴率62・9％を記録、さらに60か国以上で放送されて世界的な大ブームに発展するなど未曾有のヒット作となった『おしん』だが、実現までには紆余曲折があった。

「企画はなかなか通らなかったです。暗い、色のない『こんな暗い話どうすんの』って、みんなに嫌われてなかなか実現しなかったんです」

橋田が出した『おしん』の企画は、バブル経済に向かって突き進む時代に逆行していると捉えられたのだ。結局、企画を出してから数年後、ようやくＧＯサインが出る。

橋田が『おしん』を構想したきっかけの一つは、明治生まれの女性から届いた1通の投書だった。米一俵で奉公に出され、女郎に売られ、そこから逃げ出し、ミシンを習って自立する――橋田は手紙に綴られていた女性の壮絶な人生に衝撃を受けた。そのとき思い出したのは、戦後まもなく訪れた山形である女性から聞いた、子どもがいかだに乗って奉公に出ていたという話だった。

「貧しさを知っているからこそ、貧しさというのは書いておかなきゃいけないな、と思いました。当たるか当たらないかとか、全然思っていなかった」

橋田はバブルに浮かれる日本に危機感を抱いていた。

「昔、あんなに一生懸命生きていた人がいるのに、その次の世代は苦労しないで、ただ伸びることを考えちゃっているから危ないな、と思ったんですね。日本が一番お金持ちだ、みたいな気分」

「今、日本人はもう一度原点に帰るときが来ているんじゃありませんか？　もう一度あなたたちの豊かさを見つめ直してください。意外に（今ある）『幸せ』を『幸せ』と思わず暮らしていませんかというメッセージだった」

自立と家族

65歳のときに手がけた『渡る世間は鬼ばかり』は21年間も続く人気シリーズになる。夫婦と5人の娘がそれぞれ家庭を持っている大家族ものだ。夫婦、きょうだい、親子、嫁姑など、家族同士の本音のぶつかり合いが話題になった。

「ある程度、夫婦がわかり合える、親子がわかり合える、それから嫁姑がわかり合えるっていうのは、話し合わなきゃ。ケンカしなきゃダメなんですよ。（中略）（家族に）なるために自分のことを言う。ケンカをするっていうのは大事だなっていう気がするんで。（中略）ケンカする夫婦がね、私、本当の夫婦だと思うんです。ケンカもできなくなっちゃったら、もう別れたほうがいいです」

１９８９年に夫と死別した。子どもがなく、再び天涯孤独の身となったが、一人が気までいいと実感を込めて語る。それでも橋田はホームドラマで家族を書き続けた。

「親が重たくて、私は家を出た女ですから。で、また亭主と一緒になって、またやっぱり夫婦も重いなと思って。で、全部経験して一人がいいなと思っていますから」

なぜ大家族を描き続けているのかという質問に、こう答えている。

「自立しなさいと。大家族の中にいても一人ひとり、自分は一人だということを思って、それでみんなと暮らしなさいっていうのがテーマなの」

男社会の理不尽も、嫁姑のいざこざも、すべて客観的に見つめ、ドラマに綴り続けてきた橋田。95歳で生涯を閉じる直前まで、50年以上にわたって第一線で活躍し続けた。


「私がずっと書き続けているのは、夫婦であろうが、嫁姑であろうが、大家族であろうが、全部一人ひとり自立しなさいということ。一人ひとりが自立した中で集まって、集合するのが家族」

「新しい表現をつくるということは、
やっぱり次の時代に何か受け渡すこと
になると思うんです」

アニメーション映画監督・演出家
高畑 勲
(1935〜2018)

一本のアニメ映画が人生を決めた

『アルプスの少女ハイジ』や『火垂《ほた》るの墓』など、数々の傑作を世に送り出したアニメーション映画監督・高畑勲《たかはたいさお》。日本のアニメーション制作の礎を築き、日常的な表現を丹念に積み重ねる手法や登場人物の微妙な感情を表す演技表現などを追求して、世界のアニメーションを革新し続けた。

『となりのトトロ』などを手がけた宮崎駿《はやお》監督の盟友としても知られる。先輩だった高畑が宮崎に大きな影響を与え、あるときは二人三脚で作品をつくり、ともにスタジオジブリを立ち上げた。アニメーション表現の発展に貢献したとして、98年に紫綬褒章受章、09年にスイスのロカルノ映画祭で名誉豹賞、14年にフランスのアヌシー国際アニメーション映画祭で名誉クリスタル賞を受賞するなど、国際的にも高い評価を得ている。

1935（昭和10）年、三重県生まれ。後に父親の仕事の都合で岡山へ転居した。上京して東京大学に入学、フランス文学に耽溺《たんでき》する。アニメーションとの出会いは、東京大学在学中に見た一本の映画だった。

「フランス映画が好きで、いろいろ観ていた中にアニメーション映画があったんです。『やぶにらみの暴君』と言いまして、それは本当にびっくりして何回観たかわからない」

『やぶにらみの暴君』は52年に公開されたフランスのアニメーション映画だ。天高くそびえる城に住むわがままな暴君が羊飼いの娘に邪《よこしま》な恋心を抱くが、娘は煙突掃除の青年と一緒に逃げ出すという物語だ（その後、改作されて『王と鳥』として公開）。

「一例を挙げますと、王様がですね、カーテンのひもをガチャッと引っ張ると、突然相手がいる敷石がパッと外れてストンとその人物が落ちる。床がストンと落ちて、人物が消えていって、床だけ戻ってくるんですね。それはすごくひんやりした感覚で。血とか何とか関係なく、非常にドライな、しかしひんやりと、びっくりするような、ドキッとするような、そういうものをスラッと表現できるんだという」

日本の伝統絵画にアニメのルーツを見る

アニメーションの持つ大きな可能性に魅せられた高畑は、日本の伝統絵画（特に絵巻物）に学生時代から興味を持っていた。アニメーションのルーツではないかと研究を重ねた。

「日本の場合には、早くから現象を描写するのが大好きだったんです。絵巻物なんて本当にそうなんですけど、たとえば落馬する瞬間を描いた。ああいうのってヨーロッパではぜんぜん発達しない。もっと永遠に残すようなものでなけりゃダメなんです。日本はね、動きを表現するのが、最初から好きだったの。

波だってそうです、本当に。波であれ、人間の動きであれ。有名な鳥獣（人物）戯画はみんな躍動してるじゃないですか。

ああいうのって世界にないですよ。そういう表現を受け継いできたのは間違いない」

たとえば、平安時代の宮廷や行事、民間の風俗を描いた絵巻物「年中行事絵巻」には、暴れる馬から人が落ちる瞬間が描かれている。高畑が例に挙げた日本最古の漫画とも言われる国宝「鳥獣人物戯画」には、擬人化されたさまざまな動物の動きが活写されていた。このような発見と研究を重ねた高畑は、後に『十二世紀のアニメーション　国宝絵巻物に見る映画的・アニメ的なるもの』という解説書を刊行している。

大学卒業後、アニメーション映画をつくることを決意した高畑は東映動画（現・東映アニメーション）に入社。東映動画では折しも日本初のカラー長編劇場用アニメーション映画『白蛇伝』を完成させていた。

演出家としてキャリアを積み重ねた高畑は、1968年の『太陽の王子 ホルスの大冒険』で劇場用長編監督デビュー。制作の全工程と徹底的に関わることで、それまでは絵を描くアニメーター主導型だった長編アニメーション映画で演出主導型のスタイルを確立した。

74年に始まったテレビアニメ『アルプスの少女ハイジ』。当時、日本のアニメは空想世界を描いた物語やスポーツ根性ものが主流であり、誇張された絵と動きのものがほとんどだった。ファンタジー要素のない海外の名作文学は異例の題材である。

3か月悩んで監督を引き受けた高畑の採った方針は、主人公たちの等身大の日常生活と所作をリアルに描くことだった。アルプスの野山を駆け回る主人公の行動から直接生まれる楽しさや面白さ、喜びと解放感を、テレビを見る子どもたちに味わってもらいたい。高畑はそう考えた。日本のアニメとしては前代未聞の挑戦だった。

『アルプスの少女ハイジ』には日常の芝居が多く、絵や動きに臨場感と説得力がないと成立しない。そこで高畑はスタッフの宮崎駿らを引き連れて、スイスへの現地視察(ロケハン)を行った。テレビアニメとしては初のことだ。現地では風景だけでなく、人々がどのように働き、何を食べ、どんなものに囲まれて暮らしているのかを徹底的に調査した。

「僕は、ファンタジーは本当は嫌いじゃない。ただ、今、日本の中で別世界をつくってそれに閉じ込める。現実とほとんど同じようだけど実は別世界。宮さん（宮崎駿）の作品はそういうところがある。それに対して僕はそういうのじゃなくて、作品の中と現実というのは、こちらで風が吹けばその中にサッと流れ込んでくるというような作品のほうに、そういう地続きの感じでつくったほうがいいだろうと」

79年に放送されたテレビアニメ『赤毛のアン』でも、『アルプスの少女ハイジ』で採った方針が受け継がれた。モンゴメリの原作に描かれた19世紀末のカナダの風景を描くため、再びロケハンを行っている。

「あのシリーズについて、私たちはただ風景や情景を写真に撮ってきて、それを使うだけじゃなくて、どうやって暮らしているのかをかなり克明に調べて、朝何をやって、昼何をやって、夜どうするのかっていうようなことをきちんと調べていく作業をやっていたわけです。それを持ち帰って『赤毛のアン』というシリーズをつくったんです」

「驚くべき同調気質」への警鐘

１９８５年、宮崎駿とともにスタジオジブリを設立。３年後に公開されたのが映画『火垂るの墓』（原作：野坂昭如）である。戦争に翻弄される兄妹を描いたこの作品には、高畑が9歳のときに体験した岡山空襲の記憶が色濃く反映されている。『火垂るの墓』には、リアルな空襲の表現や死体が運ばれていく描写が相次いで登場するが、これは高畑自身が体験したことだ。

「もう本当にたくさんの死体を見ました。それを見て、もう本当に震えが止まらないんです。もし岡山の空襲という体験をしていなかったら、ああいう作品をつくろうと思わなかったかもしれません」

戦争の過酷さと終戦前後の混乱期に戦災孤児が直面した無慈悲な現実を一切の妥協なく描いたことで、『火垂るの墓』は日本国内のみならず世界的に高い評価を得た。この作品で高畑は、日本人はなぜ戦争を始めたのかを問いかけている。

「『和をもって貴しとなす』というのは、生きやすくていいことだと思うんです。しかし、それによって何かこう大事な局面を誤ってしまう危険性というのはある。だから、それは勉強によって知る必要がある。『あんなところと戦争したって勝てっこないよ』とか言ってたの。ところが始まっちゃったでしょ。始まったらみんな大賛成になったんです」

時代に流されやすい日本人の気質にも警鐘を鳴らした。

「『空気をすぐ読む』『驚くべき同調気質』は残念ながら今も少しも変わっていません。私は自分を含め、この体質と気質が本当に怖いです」

「知ってたほうがいいし、知ってほしいということはありますけどね。戦争末期に、悲惨な目に遭ったということをいくら言っても、『悲惨にはなりません』と始めるのが戦争なんで」

『となりのトトロ』、『魔女の宅急便』など、ファンタジー作品で次々とヒットを飛ばす宮﨑駿に対抗するかのように、高畑はその後もファンタジー世界の構築とは距離をおき、現実とのつながりを意識し続けた。環境問題や社会問題に関するテーマを作品に込めていった。

『平成狸合戦ぽんぽこ』は、農地や山林の無秩序な開発が進んでいった時代を背景に、動物や自然と人間の共存をテーマに据えた作品だ。高畑は登場人物のタヌキに「この変わりようは激しすぎる。化かされてるのはこっちじゃないのか？」『山を返せ！　里を返せ！　野を返せ！』と言わせてみせた。

「生き物が暮らすところを人間がどんどん奪ってきたという歴史は、それこそ昔からそうなんで。（中略）ただ、それほど壊していないときから攻防戦はあったと思うんです。

しかし、やり取りそのものがあるということは、いつも人間以外のものがちゃんと棲息《せいそく》しているということを意識している状態です。そういう状態は大変かもしれないけど、つき合いそのものに意味があるんだと思う。それを忘れているような、本当にすっかりなくなってしまった状態というのは人間にとって健全でないと思うんです」

想像力に訴える表現を求めて

高畑は70歳を超えても新しい表現を模索し続けた。題材にしたのはかぐや姫伝説。日本古来の物語『竹取物語』を読み替え、一人の女性が生きることの困難や怒り、悲しみを描いた。

それを表現するために参考にされたのが、これまで研究を重ねてきた日本の伝統絵画だった。一筆描きの力強い線こそ、観る人の想像力をかき立てると考えたのだ。

「これまでのアニメ絵が嫌いだったんです。非常に制約が強くて、絵の好きな人間にとっては、耐えられない。だけど、それはどうにもならないからやる。今までそれでずっとやってきた」

高畑が注目したのは、荒々しい描線の持っている力だった。

「線でまずワッと描いてみると非常に生き生きしたものが出るにもかかわらず、それをだんだん綺麗な線に整理していくと、しかも均一な、勢いもなくて、線そのものの力というのは全然どっかに行っちゃうんです。線というのは非常に生き生きしたものを表現する力があるんじゃないか。（そこに）非常に強い関心を持っていたんですね」

「ザッと描いたもののほうが、その背後にあるはずの本物を感ずることができるんじゃないかなという気がします。スケッチみたいなものは本物を見せていないにもかかわらず、本物を感ずることができる。僕は『縁《よすが》』と言っているんだけど、縁を通じて感じたほうが本物だと思えることがあるということです」

線の味を活かし、あえて塗り残しをつくるという新しい映像表現にも挑んだ。画面に余白を残し、全部を描ききってしまわない。人間の想像力に訴えかけるような表現だった。

「人間は常にもっと想像力があって、客観化された絵でも、それを通して感情移入してきたわけです。自分は『思いやりと思い入れ』と言っているんだけど。

逆に人物の気持ちの中にこちらが入っていけば、そういう感情移入ができるし、人間はそういう能力を持っているんではないかと」

新しい表現を実現するため、高畑はこれまでのアニメーション制作の常識をくつがえすような手法をとった。通常、原画スタッフが描いたものを、動画スタッフがきれいに描き直し、その間の動きを表現する絵を描いていくという工程があるのだが、それをやめてしまったのだ。また、原画スタッフの作業は細分化していたが、高畑は信頼する原画スタッフ一人に大部分を描かせようとした。その分、一人の作業量は莫大なものになった。

「自分が絵描きじゃないことが余計作用しているんですけど、やっぱり新しい表現をね。そういう才能を持っている人がいて、しかし同じ表現をしていたんじゃ、次の表現に行かないじゃないか」

結果、日本のアニメーション映画としては破格の8年の歳月と50億円を超える製作費、作画枚数約24万枚を費やして『かぐや姫の物語』は完成。高い評価を得た本作が、高畑の遺作となった。

「初めて言うことになるんですけど、長い間アニメーションの仕事をしてきて非常に満足しているんです。今、記憶の中にあるものを引き出す力がこの表現にあるんじゃないか。表現として間違っていなかったんじゃないかということを強く感じました」

アニメーション映画の可能性を信じ、勉強と研究と深い思索を重ね、常に新しい映像表現に挑み続けた82年の生涯だった。

「アニメーション映画って思想が語れるんだなって。しかも、思想を思想として語るというより、物に託して、語れる」

「食べることは生きることと思っておりますね。
生きるためには食べることだと思いますよ」

料理研究家
鈴木登紀子
（1924～2020）

母から学んだ忘れられない味

NHK『きょうの料理』の講師を43年にわたって務めた料理研究家、鈴木登紀子《すずきときこ》。彩り豊かな四季折々の家庭料理を紹介し続けた。

わかりやすく穏やかな語り口と明るい人柄が魅力で、「ばぁば」の愛称で親しまれた。進行を務めるダジャレ好きの後藤繁榮《しげよし》アナとコントのようなかけ合いを披露することも。

――ばぁば、よろしくお願いします。

「どうぞ、若殿。よろしくお願いします」

――姫！

季節感を大事にしつつ、紹介するのはどこかほっとする昔ながらの家庭料理がほとんど。時にはライスカレーのような洋食も紹介した。料理の合間には「おばあちゃんの知恵」も披露。昔ながらの家庭の味を次の世代に伝えたい。その一心で、生涯現役を貫いた。

「生きるために食べるし、食べるから生きていかれるでしょう。大事なものですものね」

その滋味は母から子、子から孫へと受け継がれていく。

「それ（家庭の味）はつながるものと思います。心もつながりますよ。ね、物と違うのよ」

鈴木は1924（大正13）年、青森県八戸市生まれ。スポーツ万能の活発な少女だった。母・千代は近所でも評判の料理上手。限られた材料を余すところなく使い、心を込めて料理するのを見て育った。

「（母から）お料理っていうものは、心だっていうところを、私は一番に学びました。相手を喜ばせようと心がこもってるから美味しくもできるんだってことを、年々思うようになりました」

六人兄姉の末っ子だった鈴木は、幼い頃からいつも台所で料理をする母のそばにいて、手元を見つめているのが何よりも好きだった。母は隙間風が吹いて寒い板の間の台所に、半畳分の畳に座布団と七輪を置き、娘の座る場所をつくってくれたという。

「もう楽しく見てました。やっぱり根がいやしいから、ほら、次に何が出てくるかっていう楽しみがあるわけです。（中略）鱈《たら》汁なんてのも良かったですよ」

私たちは今、鱈といえば切り身で購入することが多い。

「一匹です。一匹捨てるところなく使いますからね、鱈っていうのは。いろんなことしていただきました。丸々残さずにね。私、勉強は嫌いでしたけど、そういうのを見ているのは好きでしたのよ」

なかでも一番好きだったのが、芝居見物の日やひな祭りにしか食べられない太巻き寿司。具材はすべて身近な食材だったが、手間をかけることでうっとりするようなご馳走に生まれ変わった。

「忘れない。思い出すの。この味だったわ、っていうの。ご飯はさっぱり味、酸っぱすぎず甘すぎず、しょっぱすぎず、抑えてあるの。だけど具のほうが濃厚だからバランスがいいのよ。太巻きはまさしく母の味ね」

料理の彩りや季節感は母の料理から身につけた。太巻き寿司は卵焼き、干し椎茸やかんぴょうの甘煮、みつば、梅酢しょうが、たらのでんぶなど手近な具材しか使っていなくても色鮮やかだった。

「絵のようだったもの。そういうのを見て私は感激したわよ。ああ、なんて素敵なんだろうと思った」

そして、鈴木が何よりも母から学んだのは、料理に愛情を注ぐということだった。

「(料理をする母の姿は)それはもう楽しげにね、だって家族のために尽くすんだから」

「子どもたちが健やかに育つように、という願い。その忘れられない味っていうのは、その思いにあるんでしょう。愛情が注がれてるっていうことと、それをとても嬉しく受けるっていうことで、ねえ。双方がやっぱり幸せでしょうよ。美味しいものをいただくと、みんな幸せって言うでしょ」

想い出の一品

終戦間もない1947年、鈴木は地元青森で22歳で結婚し、その後、夫の仕事にともない上京した。三人の子の母親になり、主婦として、家族のために台所に立つ日々が続いた。

「それは一生懸命思い出してつくりました。母に食べさせてもらったものを」

その頃、よくつくった料理が、「すくい豆腐の吉野あん」。豆腐と干し椎茸を使った、温かくて財布にも優しい一品だ。

「思い出の一品なの。子育てのときのこれはね、お助けマンだったんです。(中略)お給料前になったらほら、お金がだんだんなくなってくるでしょ。そしたらお肉やらお魚やらって良いもの、だんだん買えなくなってくるの。でも家の子どもたちは三人ともね、夕方になると必ずね、『こんばん、なーに』って聞くの。私、返事に困っちゃうのよ。これというものがないの。『今日はいろいろよ』と言うとね、必ず三人で隅のほうへ行って『またあれだよ』って言うのね」

お給料日前のお助け料理は、いつしか定番料理となった。

「大好きなんです。今はひ孫も好きですよ」

家族のために心を込めてつくった家庭料理は、いつしか近所でも評判となり、自宅で料理教室を開くようになる。

「みなさん、だって『美味しいわね、教えて』って食べるたびにおっしゃるから、じゃ、みんなで一緒にいらっしゃいっていうのが始まりね」

相手を思ってつくる

40歳を過ぎて料理研究家となり、初めて『きょうの料理』に出演したのは52歳のとき。一年中手に入る食材や旬の食材を使い、料理の初心者でもできる和食の優しいレシピを提供し続けた。

「なんでも基礎というものは大事なんですね。で、特に私たちは日常にお料理に対する基礎をご一緒したいと思いますので」

「みなさんだいたい、（料理を）非常に難しいと思いがちな、ですけどちょっとしたコツを覚えてくださると、どなたにもできますので」

料理の技術だけでなく、料理をするときの姿勢や所作も伝えた。すべてが美味しさにつながると考えていたからだ。

「お料理はね、愛情、真心ですよ。ぞんざいにつくったらそれなりのものですしね」

料理のひと手間も惜しまなかった。卵焼きをつくるときは、卵を混ぜる前に白身を菜箸で切っておく。混ぜた後はなめらかに仕上げるために一度濾《こ》す。歳を重ねてもけっして手抜きはしない。食材を吟味し、丁寧に扱うことが美味しさにつながるという母から受け継いだ教えを伝え続けた。

「ですからね、みんな理にかなっております。だからやっぱりそういうこと（母からの教え）はね、丁寧に私たちも受け継ぎましたので、まだお若い方にもそれは知っておいていただきたいと思います」

和食は四季の料理。春夏秋冬、それぞれの旬の味を何より大切にした。

「季節ごとの料理を繰り返してきたから、昔のお母さんは（料理が）上手だったの。（中略）旬というのは必ず巡ってきますね。で、旬のものは短いの。次の旬をまた待つという楽しみがあるわけ。春だったらたけのことかね、山菜類。夏になったら涼しげにっていうことになって、秋になったらきのことかね。冬になったら魚偏に雪と書いて鱈と読むでしょ。そんなふうに旬を追い求める、迎える。で、そのたびにそれを繰り返してるとね、みなさん上手になれます」

「やっぱり旬のものは美味しくてお安いですからね」

旬も大事、所作もひと手間も大事。それらはすべて、食べてもらう相手への気持ちから出てくるものだ。鈴木にとって、それは家族だった。

「お料理というのは難しく考えないでね、食べていただく方のことを思ってつくるということが、心が込もってよろしいと思います」

夫は鈴木が84歳のときに亡くなった。60年以上続けてきた夫の食事づくりの思い出は、その後も鈴木を支え続けた。

晩年まで続けた料理教室

晩年は病との闘いが続いた。87歳のときに大腸がん、89歳で肝臓がんが見つかった。91歳のときには心筋梗塞にも襲われた。だが、入院も闘病もすべてを楽しもうとした。それが健康の秘訣だった。

「あらっ、と思っただけですよ。だって向こうからやってくるから、もうどうにもならないのよね、病気っていうのは。本当はもう少しね、深刻に受け入れればいいんでしょうけれど、私は根がのん気だと思いますね」

料理研究家として羽ばたくきっかけになった自宅での料理教室は、ライフワークとして亡くなる9か月前まで続けた。94歳になったある日の料理教室では、生徒たちの前でおよそ2時間、手を休めることなく、一度も腰掛けることもなく、全身全霊で料理に集中した。教室の終わり、鈴木は生徒たちにこのように声をかけている。

「今日はどうも。良い日になりましたか？　どうですか？　お食事に関しては、みなさんいろいろと心を砕いていらっしゃると思いますけれども、『やさしい心で、やさしいお味に』を心がけてくださいませ」

料理とは、命と心を育むもの。大切な人のために、心を込めてつくるもの。母からの教え、自らの哲学を多くの人に伝え続けた。96年の生涯だった。

「お料理はね、つくるほうも楽しむ、それからそれを食べるほうも楽しむ。だって食べて美味しくて不機嫌な人はいないですよね」

「意識、思い、
〝続けます〟っていう気持ちがあれば、
いくつになっても
きれいになれるの」

美容家
佐伯チズ
（1943〜2020）

手は最高の道具

美容家・佐伯《さえき》チズ。独自の理論に基づく美顔術で女性たちの肌の悩みに応え、「美肌のカリスマ」と呼ばれた。

「ゴッドハンド」とも言われる自らの手で20万人の肌に触れてたどりついたのは、高い化粧品を使わなくても、一人ひとりが自分の手を使えば誰でもきれいになれるという考え方。「佐伯式」のスキンケアを紹介した著作は売上累計500万部を超え、一大ブームを巻き起こした。

「(化粧品の値段は)関係ないですね。本当に一切関係ないです。自分の心と両手に愛情を込めてくだされば。何を使うかじゃなくて、どういう風に使いこなすか。自分の手をどのように活かして使うか。きれいになりたいという気持ちで、両手で愛情を持ってくだされば、どなたでも年齢関係なくきれいになれます」

佐伯は1943(昭和18)年、旧満州の新京で生まれた。終戦前に帰国すると、ほどなくして親元を離れ、母方の故郷・滋賀県甲賀市で祖父母とともに幼少期を過ごす。

「お父さん、お母さんというものにすごく憧れていました。お母さんが白い割烹着《かっぽうぎ》を着て、トントントントンと（料理をして）『ごはんできたわよ、帰ってらっしゃい』と言われたり、『お父さん』と呼んだり。おじいちゃんの膝の上に乗ったことはあるけど、お父さんやお母さんの膝の上に乗ったり、抱かれたりしたことはなかったものですから」

祖父母の愛情をたくさん受けて育った佐伯は農業を営む祖父から、手を使うことの大切さを学ぶ。

「祖父は寝るとき、おふとんの上に座ってから必ず手を合わせて、手に向かって『今日も一日、お仕事させていただいてありがとうございました。今日、家族が食べられたのも手のおかげです』とお礼を言っていたんです。祖父からは『手は最高の道具なんだよ、だから手に感謝しなければいけないし、手を大事にしなさい』って」

夫との死別と転機

高校生になった佐伯は、大阪で叔母が営む小料理屋を手伝いはじめる。少女だった佐伯は、垣間見る大人の世界から、女性が経済的に自立することの重要性を覚えた。仕事を持たない女は、男に頼るしかなかったのだ。佐伯は技術を習得することの大切さを感じていた。

「（技術や免許など）何かがあれば助けてくれるだろう、っていうのがあったんですね。何か技があれば一人で生きていける、と」

1961年、高校を卒業後、電話交換手の免許を取って、大阪のカメラメーカー・ミノルタに就職。電話交換手は当時の若い女性にとって花形とも言える仕事だったが、佐伯にとってはまったく物足りないものだった。

仕事をしながら様々な免許や資格に挑戦していたが、やがて美容に関する仕事をしたいと思うようになる。水商売をしている頃、美容院に行くとたちまち美しく変貌する女性たちの姿を見ていたからだった。

会社を辞めると20歳で単身上京し、美容家・牛山喜久子が創立した牛山美容文化学園に入学する。ここで佐伯は美容師の資格を取り、牛山が経営する銀座のサロンで働きはじめる。ここで学んだのが、肌を刺激して活性化させるハリウッド式のフェイシャルケアだった。

「マッサージしたとき、『気持ちがいいわね』『お上手ね、次もお願いね』って。初めてのご指名だったんですよ。手を褒めてくださった、ご指名をいただいたって。それがすごく楽しかった。ここで手（を活かす仕事）が向いているんじゃないかと思うようになったんです」

24歳のとき、ミノルタで出会った10歳年上の技術者、有教《ありのり》と結婚。専業主婦になるが、フランスの化粧品会社・ゲランに再就職。肌の新陳代謝を促すフランス式のフェイシャルケアを学び、ハリウッド式と融合させることで独自の美顔術を編み出していく。

公私ともに充実した日々を過ごしていた佐伯だったが、運命が暗転したのは40歳のとき。夫が肺がんを発病し、余命3か月を宣告された。会社を辞めた佐伯は夫の看病に専念するが、約一年半後、42歳のときに死別してしまう。

「主人がすごくいい人で、結婚生活がすごく楽しかったんですよ。本当に主人が亡くなったとき、私も一緒に逝きたいくらいだったので。食べられない。水すらも飲めない。もう本当に最悪で、そのときに私が味わったのが〝肌地獄〟といって」

自宅に籠もり、夫の遺影の前で泣き暮らす日々が1年にわたって続いた。訪れてきた友人が、変わり果てた佐伯の姿に驚き、佐伯を鏡の前に連れ出した。

「あなた、なんていう顔をしているの。ちょっと来てごらん、って言って鏡の前に連れていってくれて。鏡に映っている自分を見てごらん、って言われて。見たときに、この人誰？　って」

こんな姿では、おしゃれが好きで、きれいなものが好きだった夫に申し訳ない。そう思って、懸命に肌のケアを行ったところ、みるみるうちに肌は潤いを取り戻していった。

このときの経験から、佐伯は一つの言葉を導き出す。「皮脳同根」という言葉だ。

「皮膚と脳は根っこが同じ。だから、気持ちがとにかく『きれいになりたい』と思えば、肌は『わかった』と上がってくる。『もうダメよ』と諦めると肌は下がっていく」

会社に頼らずに進む

再起した佐伯は45歳のとき、フランスの化粧品会社パルファン・クリスチャン・ディオールに就職。４７０人の美容部員を指導するインターナショナル・トレーニング・マネジャーとして再出発すると、わずか3年で売上目標を達成するなど見事な成果をあげる。

しかし、その販売方法は会社の方針にそぐわないものだった。

「たとえば、いくら新しい商品が出てきても、『あなたには必要ないから、今までどおりでいいの』って。必要じゃないものは、使わないでいいってことを、私はそのお客様のために言うようにしていました」

51歳のとき、新設された店舗のサロンマネージャーとして出向。しかし、フラッグシップショップ（ブランドや商品を代表する中心店舗）としてスタートするはずが、会社の計画の変更によって、たった一人で店を切り回すよう命じられる。しかも、給料は保証しないという厳しい条件であり、事実上の左遷だった。

「自分の給料は自分で出さなきゃダメだよね、って言われて。それから給料は一銭も上がりませんと言われました。わかりました。自分で給料を出せばいいんですね、って。いいことは、会社を出たってことはすごくラッキーかなって」

そこで自分の新しい仕事を開拓する気持ちになっていった。

「じゃ、やります、っていうことで。やる自信はありました。蓄積されていましたからね、私自身の中で」

会社から「好きにしていい」と言われたことを逆手にとり、自分の知識と経験をすべて投入してエステティックサロンを併設。自慢の「手」を使った美顔術で勝負しようと考えた。

「よそがやっていないことを（やる）。化粧品を買って、と言わなくていい。チケットも売らなくていい。要するに、技術に対してお代金をいただくと考えて、会社に（企画書を）出したんですね。2時間半でこれだけの金額をいただく、と。笑われました、金額を」

それは当時としては常識破りの額だった。

「2万5000円でした。2時間半で。『そんなの誰が来るの？』って」

伝え続けた美容理論

1日2名限定、2時間半で2万5000円の超高級店を開いた。しかし、佐伯には勝算があった。時間が短く、担当者も毎回変わる既存のエステに不満を持つ顧客の心を必ずつかめるはず。1年半後、店は予約100人待ちという超人気店となった。

「とにかくお客様がお手入れが終わった後、自分の顔を見てニコッと嬉しそうな顔をなさったり、鏡をじーっと凝視くださっていると、『ああ、良かった』とストレスが飛んじゃうんですね。それが生きがいであり、『この仕事をやってて良かった、これだけ喜んでいただけた』と。だから私は、女性の仕事の中でも、人様を美しくする仕事を選ばせてもらって本当に良かったなと。悔いがないなって。もっとお伝えしたいと思ってるんです。人様をきれいにできる仕事は素晴らしいってことを」

2003年に会社を定年退職。その年、1冊の本を出版する。タイトルは『佐伯チズの頼るな化粧品!』。長年化粧品業界に身を置いていた佐伯が、それまで語ることができなかった思いを込めたものだった。その後も自らの美容理論をまとめた本を次々と出版し、ベストセラーになった。

08年、64歳で東京・銀座に念願のエステティックサロンをオープン。テレビ出演や講演依頼も相次ぎ、「カリスマ美肌師」として絶大な人気を集めた。佐伯の教えは、人は何歳になっても「きれいになりたい」という気持ちさえあれば、きれいになれるというものだ。それは最期を看取った母の教えでもあった。

「(きれいになることを)私は絶対に諦めないと思います。母が80を過ぎても皮膚は活性するっていうことを教えてくれました。(母は)太陽にばかり当たってまして、こんなに(皮膚が)汚くなるのが嫌だというのが、私が美容の世界に入るきっかけだったわけです。

母が84歳になって、寝たきりになったとき、看病をして、拭いて、足をさすってあげたとき、この人、こんなに肌が白かったんだと思ったんです。太陽に当たったら肌は汚くなるよ、と教えてくれたのは母でしたが、84歳になっても人間の皮膚は生きていることを教えてくれたのも母だったんです。だから、80過ぎても皮膚は活性している、だから諦めちゃいけないんだと、母は最後にメッセージを遺してくれたんだと思って」

いくつになっても人は〝きれい〟になれる。逆境を乗り越え、信念を貫いた76年の生涯だった。

「どの世代にも共通してアドバイスさせていただくんですけど、諦めは毒、夢は薬。夢の薬をどんどん飲みなさい。諦めの毒はどんどん流しなさい」

「考え出すともう、
夜寝るのも忘れて。
ご飯も二日ぐらい食べないこともあるんです」

米沢富美子
物理学者
（1938〜2019）

原点にある数学への感動

日本の女性科学者の草分けとして活躍した物理学者・米沢富美子《よねざわふみこ》。太陽電池などに使用されるアモルファス（結晶ではない固体）研究の第一人者であり、「コヒーレント・ポテンシャル近似」など数々の新理論を発表して物理学研究に大きな足跡を残した。

「物理というのは、日本語で〝物の 理《ことわり》〟と書くんですね。（だから）物理とは物の理を解き明かす学問なわけです。じゃ、物ってなんだといわれると、森羅万象。宇宙に存在するすべてのものです。（中略）正しく学べばとっても面白い学問です」

女性初の日本物理学会会長を務めたほか、「女性科学者に明るい未来をの会」会長として女性科学者の支援にも尽力した。プライベートでは23歳で結婚、三人の娘を育てながら世界的な研究成果をあげ、「学会の子連れ狼」の異名を持つ。

米沢は１９３８（昭和13）年、大阪府吹田市生まれ。好奇心が強く、わずか5歳のときに数学の面白さに目覚める。

「私の母自身も数学が大好きで、私が紙でお絵描きしているときに、三角形の内角の和は二直角だというようなことを何気なく言ってくれたんですね。そこで、こんなおもしろいものが世の中にあるのか、と思ったんです」

米沢の母は高等女学校時代に数学の虜《とりこ》になり、食事の時間も惜しんで好きな幾何学の問題を解いていたという。何日も銭湯に行かずに問題を解き続ける娘を見て、米沢の祖父は自宅に風呂をつくったという逸話がある。しかし、家人の反対で上級学校への進学を諦めていた。母は何気なく娘に証明法を図解しただけだったが、たちまち理解した5歳の米沢は「もっと教えて」と母にせがんだ。

「これがあればおもちゃもいらないし、何もいらない。幾何だけで暮らしていけるというくらい、ものすごく感動して、それで『もっと教えて、もっと教えて』と言って教えてもらったんです」

「これも、あれもという人生」は可能

戦時下でも母は折にふれて幾何の問題を教え、米沢は小学校低学年のうちに中学の幾何を習得することができた。小学5年生のときにはIQ175を記録。大阪府で一番の成績

である。中学時代は理解のある教師に高校で習う微分積分をすべて教えてもらっていた。57年、京都大学理学部に入学。女子の進学率が2・5％という時代で、米沢の周囲からも働いて家計を助けるべきだという声があったが、母の後押しで進学することができた。数学が大好きだった米沢だが、当時、物理学科の教授だった日本人初のノーベル賞受賞者・湯川秀樹に憧れて、理論物理学の道に進む。

「どういう規則で動いているか、どういう法則で動いているかというのを見つけ出すのが理論物理学なんですね。じゃ、何をやってんだと言われると、論文を読んだり、本を読んだりしながら、新しい法則とかモデルを自分で探していくということになるわけです」

理学部は120人中、女子は四人。クラス分けすれば、50人の中で女子は一人きりに。まわりの男子もたった一人の女子と上手く付き合うことができず、息苦しさを感じていた米沢は突然、湯川に会いに行くことを思いつく。

「湯川先生は雲の上の存在だったんですけども、知人を通じてアポを取ってもらったんです。ものすごくお忙しい方なので、会議と会議の間の5分間で、会議室の隅っこのようなところで会ってくださった。こんな本を読んだらいいでしょうといろいろ教えてくださったんです」

米沢が研究のテーマに選んだのは、ガラスやゴムのように、明確な結晶構造を持たない物質・アモルファス。世界的に研究が進んでいないテーマだった。

「結晶は、日常生活でご存じなのは水晶など、見るからにきれいな結晶になっていますね。(しかし) アモルファス、あるいは非結晶というのはきれいに並んでいない。だから数学に非常に乗せにくい。結晶の方は今から50年近く前に本質的なところは済んだんです。ところが、アモルファスの方は難しいのでみんな手が出せなかった」

未知の研究に心躍らせていた頃、思いもかけない出来事が起こる。大学の2年先輩で、すでに証券会社で働いていた米沢允晴《まさはる》から結婚を申し込まれたのだ。エスペラント部の部長だった允晴とは大学2年生の頃から付き合いはじめ、すぐに「一緒に人生を歩いていこう」と言われていた。研究か結婚か真剣に悩んだ米沢。そのときの允晴の殺し文句が米沢の人生を変えることになる。

「物理は面白い。面白いけどすごく難しそうで、とてもじゃないが片手間にはできそうもない。かといって私は父が戦死してて父がいない家庭だったので、子どもがいっぱいいる家庭というのがイメージにあったんです。で、それも大変そうだし。とても両方はやれないと思ったんです。まあ、しばらく考えたのちに、結婚は断ろうと思ったんです。たぶん彼のほうはこのままだと、逃げられると悟ったのでしょうか、とても格好良いことを言ったんですよね。

『物理と僕の奥さんと両方取ることをどうして考えないんだ』って。そのとき、私は目から鱗《うろこ》でした。『人生、これか、あれか』ではなくて、『これも、あれもという人生』が可能なんだということがわかって。それ以来、私はあれもこれも全部取って暮らしてきた。夫になる人のあの一言がすべてを決めたと私は思います」

当時は結婚したら女性は家庭に入るのが当然とされ、「専業主婦」という言葉すらなかった。そんな時代に夫は「両方取る」選択を勧め、米沢はそれに従ったのだ。61年、米沢は大学院に進学して修士課程1年のときに結婚する。

しかし、2年も経たないうちに、夫がロンドンに赴任することになった。海外への渡航が自由ではなかった時代、妻の同伴は認められず、夫は単身赴任することになる。しかし、夫の後を追うことを決意した米沢は、自分が留学すればいいのだと思いつき、イギリスにある30の大学に手紙を書いて「あなたの大学で勉強したいので奨学金を下さい」と直談判。その結果、キール大学から授業料と寮費と食費を免除という条件を提示され、晴れて夫とともにロンドンに渡ることができた。

「私、もしかして取り柄があるとしたら行動力ですね」

世界的な新理論への到達

イギリスでは最先端の論文を読み漁り、帰国後、27歳で長女を出産。その半年後、京都大学基礎物理学研究所（基研）の助手になる。人事の決定の際は「子持ち女に務まるか」という声も上がったという。「理論物理学の聖地」と呼ばれた基研の女性研究者は米沢が初である。米沢は東京に勤務する夫を残し、0歳の娘を連れて単身で赴任した。翌年、夫が大阪勤務を申し出て転勤してきたことで、一緒に暮らすことができた。米沢は育児と家事をこなしながら、最先端の物理を研究し続けた。

「朝、もうすごいですよ。保育園で使うおむつとか抱えて、自分の論文抱えて、子どもたちの手を引いておんぶしたりして保育園に行くんです。5時になったら迎えに行って、帰ってきて、ビャーッとお料理して、やっと食べさせて、パッとお風呂に入れて、パッと寝させて。それからまた勉強して（笑）」

夫は家事と育児を一切手伝わなかった。夫と争うのはエネルギーの無駄と割り切り、米沢は一人で全部をやろうと奮闘するも、次女を妊娠するとつわりで動けなくなってしまう。すると夫から衝撃の一言が浴びせられた。

「何も手伝ってくれない上に、『君が勉強している姿、このごろ見なくなった。怠けているんじゃないか、研究をちゃんとしないとダメじゃないか』と言ってくれて。そのときはけっこうこっちもカッとなって切れそうになったんだけど」

「それなら手伝ってください」と言いたかったが、「一番痛いところを突かれた」という思いもあった。奮起した米沢は研究を再開する。その日以来、つわりはピタッと収まったという。1日4時間睡眠で机に向かっていたある日、ずっと取り組んでいた研究の新しいアイデアが突如閃《ひらめ》く。それが世界的に評価されることになる物理学の新理論「コヒーレント・ポテンシャル近似《きんじ》」である。

原子の配置が不規則な金属の中で電子がどう動くのかを説明する理論で、数学の知識を総動員して導き出したものだった。実はこのとき、世界中で四人の科学者がほぼ同時に似た内容の論文を発表しているが、奇しくも米沢を含めた全員が28歳と29歳であり、出会ったときは大いに盛り上がったという。四人の中でも米沢が発表した方法は、数学的にもっとも優れたものであり、この業績によって米沢の名は世界に轟《とどろ》いた。米沢は夫の言葉について、こう振り返っている。

「あれは彼なりの〝励まし〟、〝激励の言葉〟だって。それを言ってもらえなかったら、たぶん私は育児の忙しさ、大変さ、つらさに負けて、研究がおろそかになったと思うんです。それでもう、意地で机にかじりついて、世界的な新理論に到達することができた」

自分の可能性に限界をひかない

70年には三女を出産。子どもと国際会議に出席し、「学会の子連れ狼」と呼ばれた。

「大きな会場で、階段教室みたいになったところの一番上に（子どもを）座らせておくんですね。それで、私が発表したら『あっ、ママだ！』とか言って上からワーッと下りてきて、会場は爆笑になって。世界じゃ有名なんです」

育児に研究の時間がとられてしまうのでは、という質問にはこう答えている。

「いや、あのですね、他の時間はなくなるんです。たとえば、映画を観に行ったり、コンサートに行ったり、みんなと飲みに行ったりとか。そういう時間はなくなるわけですけど、研究の時間自体はそんなに影響を受けないというのが、私の持論です」

その後、ニューヨークへ家族とともに移って研究を続け、夫もニューヨーク勤務となって一緒に暮らした。帰国後、京都大学を経て44歳で慶應義塾大学の教授に就任。最先端のコンピューター・シミュレーションを駆使し、コストの低いアモルファス太陽電池の開発に貢献した。しかし、活躍の陰で病魔が次々と米沢を襲う。子宮筋腫と乳がんを相次いで発症、子宮と左右の乳房を失った。そして、夫・允晴が亡くなる。

「出産したときも育児のときも、年に平均5本の論文を書いていた。すごくハイピッチですけれども。ところが夫が他界した1年は、論文が一つも書けなかったんです」

病室で意識が戻らなくなった夫の耳に口を寄せて感謝を告げると、それまでまったく呼びかけに応えなかった夫が手を伸ばして抱き寄せてくれた。口移しで夫の口に水を浸しているときに息を引き取った。

「ものすごく嬉しかったですね。夫がまもなく（息を引き取る）という状況にありながら、夫に近いところにいるという感じがして。その話をするたびに、十数年経っているんですけど、私は涙が出ちゃうんです。（中略）奇跡が起こったような別れがあったので、なおのこと、あと1年間ぐらいは何も考えられなかったです」

この頃、米沢は日本物理学会の会長に就任するのと同時に、総勢200人の研究者に7

億円の予算が組まれた科学研究費助成事業のリーダーを任されていた。失意の1年を過ぎてからは猛烈に研究に打ち込み、液体金属に関する新たな理論を打ち立てた。「コヒーレント・ポテンシャル近似」に匹敵する大発見だった。当初は理解されずに学会で猛反論に遭うが、1年間かけてデータを増やしながら世界中を説明してまわり、98年の学会では「完璧だ」と賛辞を受けた。

05年、科学の進歩に貢献した科学者に与えられるロレアル－ユネスコ女性科学賞を受賞。物理学の魅力を多くの人に伝える活動に尽力し、若い女性の研究者にも光を当てた。

米沢の口癖は「自分の可能性に限界を引かない（The sky is the limit）」だったという。一人の科学者として、妻として、母として、自然界の不思議に挑み、解き明かし続けた80年の生涯だった。

「研究そのものの魅力というのは、世界中の誰も知らないこと、新しいことを見つけていくという、その楽しみがある」

第3章　つらいときこそユーモアを

「それでもズーンと
落ち込むことがあるわけですよね。
そういうときは、笑うの。
笑うの。笑うの」

樹木希林（1943〜2018）俳優

卓越した観察眼が仕事に活かされる

個性あふれる演技で唯一無二の存在感を放ち、「怪優」とも呼ばれた樹木希林《ききききりん》。ドラマ『時間ですよ』の従業員役、『寺内貫太郎一家』の祖母役などのコミカルな演技で人気を博し、連続テレビ小説『はね駒《こんま》』をはじめとする数多くの作品で主人公を支える脇役として活躍した。映画『悪人』では日本アカデミー賞最優秀助演女優賞を獲得し、カンヌ国際映画祭で最高賞パルム・ドールを受賞した『万引き家族』でも主人公の母親を演じるなど数多くの映画賞に輝いた。

昭和から平成にかけて、日本のドラマ、映画になくてはならない存在として誰もが知る俳優である。だが、彼女が演じたのは主役ではなく、圧倒的に脇役が多かった。出番が少なくても、演技で必ず観る者の目を奪っていった。樹木は、脇役としての哲学を次のように語っている。

「私、チョイ役が好きで、自分で〝チョイ演女優〟ってずっと言ってたのね。特に映画なんかはチョイ演で。ちょっとの役というのは、瞬時にその人が何であるかを表さなければならないから、演じるときに三言のセリフで何を表すかを考えなければならないわけ。主役だとずっとその人が描かれているから、ゆったりとそこにいればいいんですけれど、脇でチョイ演だと、それは人生をこう瞬間に出していくというね」

樹木は1943（昭和18）年、東京・神田生まれ。無口で、いつも人の輪から離れた場所に立っている子どもだったという。

「ブスッとしてて何も喋らなかった。人の気遣いとか一切ないし、ただ暗闇の中にいたらわかんないって子だった。だから学校でみんながこう並んで映るじゃない、集合写真。そうすると一人離れて隙間が空いて一人でこうやって、だから本当はカットされる立場のようなところに立ってる。いつもこうやって、幼稚園の頃から、小学校でもずっと。（集団から）ポンと弾かれてそのままずっと立っている感じ」

父・辰治は警察官、母・清子は神田神保町でカフェを経営していた。後に母が横浜で居酒屋を開業、樹木はいつも店に集う大人たちの様子をじっと観察していた。

「大衆酒場っていうのは、いろんな人間が出入りするわけですよね。そこでの面白い話は、親から聞いたり、実際に見たり。あれは役に立ちましたよね、役者としては」

幼い頃から養ってきた人間への観察眼は、俳優としての仕事に存分に活かされている。

18歳で初舞台を踏んだ頃から演じてきた老け役も観察眼のたまものだった。そして、その目は人間そのものへと注がれていく。ある番組で樹木は、質問にこう答えている。

——すごい観察してらっしゃいますよね。

「それはそう。こうやって人をね、見て、ああそうかふーん、こっちに向いてるところよりも、むしろ裏っかわに回って見るっていう、そういうところですね」

——それは無意識に？

「いや、意識的に。役者だから」

——役者でなかったらやっていない？

「やっぱりやってるかな、性格だ。私の性格」

——興味がある、人に対して。

「人間っていうものの表がわと裏っかわは必ずあるわけで。裏とは言わないけど、もっといろんな内蔵しているものがあるので、それをどこらへんが輝いているのかな、こんな風だけどこの辺はああっていう風に見っけて行くのが好きですね」

高校時代は美術部に所属しつつ、薬剤師になるために薬学部を目指したが、受験の直前にスキーで足を骨折して大学受験を断念。卒業式にも出席できず、疎外感と絶望感に苛《さいな》まれながら開いた新聞の片隅に、文学座が研究生を募集しているという記事を見つける。

文学座は、戦前に岸田國士《くにお》らによって発足した劇団で、俳優座や劇団民藝とともに商業主義に走る演劇とは異なる「新劇」を志していた。樹木が受けたのは、戦後初の文学座による研究生募集だった。

「1000人ぐらい来たわね。試験のときに。もう受かるとは思わなかった。あんまりいい男、いい女がズラーッといてね。私はね、新劇はブスでもいいっていうんで、それで行ったんだけど(笑)。受かった後に聞いたのが、『あんたね、耳がいいわよ』と。人のセリフを聞いているって」

舞台で演技を学びながら、悠木千帆《ゆうきちほ》の名前で女優活動をスタートさせる。文学座の研究生時代は杉村春子の付き人を務めた。ドラマ『七人の孫』にレギュラー出演すると、森繁久彌とのアドリブを交えた軽妙なやりとりで注目を集める。

順調さの裏の葛藤

感性の赴《おもむ》くまま自由に演じたことで、樹木の喜劇俳優としての才能が開花する。脇役でありながら、主役を食ってしまうこともあった。

樹木の人気を不動にしたのが、ドラマ『時間ですよ』で演じた従業員役だ。長期にわたるシリーズの中で、堺正章や浅田美代子らと自由奔放な掛け合いを見せた。

代表作の一つであるドラマ『寺内貫太郎一家』では、実年齢は貫太郎役の小林亜星より10歳以上若かったが、老けメイクで貫太郎の母親役を演じた。沢田研二のポスターの前で、「ジュリー！」と身悶えする演技が大きな話題を呼んだ。

活躍はドラマ、映画にとどまらない。80年から始まったフジカラープリントのテレビコマーシャルでは、「美しい人はより美しく、そうでない方はそれなりに（写ります）」というセリフが流行語になった。樹木はCMに好んで出演した理由を次のように語っている。

「その当時、舞台役者が1番。2番目がせいぜい映画に出る人。3番目がテレビ。4番目がCM。CMに出るなんてのは、もうダメな役者が出るって言われてたんだけど、私はどういうわけかCM……効率がいいのよね。値段と時間との。そっちの方だけ計算してCMは……好きでしたね」

俳優としての活動は順調そのものに見えた。しかし、樹木は言葉にできない葛藤を、ずっと心の内に抱えていたという。

「もっと、深い闇みたいなものを、抱えててね。それが何だかわかんないんだけれど、ほんでほら、先が長いじゃない？　18ぐらいから役者になって、20ぐらいのときにもう、何かこれでずっと行くのかなと思って。

だからこう……希望とかそういう風なものをなかなか見つけないタイプの人間だったんです。そりゃお腹すけばここに何か美味しいものがあれば、わあ嬉しい、ありがとうございますって食べちゃうけれど、でもそれは一過性のもので、深い希望っていうものがない。名前が売れたいとか、世間でこう思われたいとかっていうのが目的だと非常に向かいやすいんでしょうけれど、そういうのがないから、何か目的が定まらなかったですね」

傷をつけて壊してそこから創り出す

そんなとき、出会ったのがロック歌手・内田裕也だった。樹木は、当時から過激な言動で知られていた内田の「破壊力」に心惹かれていく。

「いつもなんか獲物を睨みつけるみたいな感じで（彼が）来たときに、ああこういう感じの人には出会ってないなと。

生きてる危険な感じね。それがね、私の不満の人生の中で、それをひょっとつかんだんだね。危険だからつかんだのよ」

30歳で結婚。しかし、心惹かれた「破壊力」は同居を始めたとたん、樹木へと向かった。結婚生活はわずか数か月で破綻する。

「もうそれ（夫）に関わってないと生きていられないというぐらい、またこれはこれで忙しかったですね。喧嘩してめちゃくちゃになって、家、片付けるのから始まるからね、掃除から。ビールなんて夜中にビール瓶ごとバンて飛ばして、うっかり朝になるともうこびりついちゃうんです。ガラスの破片が、お酒と一緒にね。そういう掃除なんてのは大変でしたね。かといって止まらないですから。

あれだけこう暗くなってたものが、まあ私の場合には、一番はっきりしてるのは、夫との出会いでもって、そんなこと言っていられなくなったっていう。戦いの連続でね」

内田との生活は「戦いの連続」というほどすさまじいものだったが、別居はしても離婚はしなかった。81年に内田が無断で離婚届を提出するが、樹木は離婚を拒否。後に結婚生活を振り返って、このように語っている。「私自身が非常にそういうものを、どっかで面白がる性質があったんですね」。

内田の持つ「破壊力」は、樹木にとって自分を変える原動力でもあった。

「体制にこう反逆してやっていったら、時代もそういうものを面白がってくれるから……まあ有名女優になって行くんだけど、人間って収入と名声とかっていうものだけでは生きられないんだね。

何か壊したいって、まあそれは私のさがだと思うけども。今になってこじつけですけれども、創造の『創』という字は、傷という意味。絆創膏《ばんそうこう》の『創』。要するにものを創り出す、新たに生み出すということは、傷をつけて壊してそこから創り出すというものでいけば、私の性格は……創造という意味では合っていたけれど、まあ破壊しすぎた、いろいろ」

「人に添う」という転換

内田との結婚生活と破綻を経験した樹木は、喜劇俳優から本格的な演技派へと変貌を遂げる。38歳で挑んだドラマ『夢千代日記』で演じたのは、余命幾ばくもない置屋の女将・夢千代（吉永小百合）を支える芸者、菊奴《きくやっこ》。普段は明るくて愛嬌たっぷりの菊奴が、失恋の悲しみに暮れる場面などでの演技が高く評価された。

連続テレビ小説『はね駒』ではヒロインの母親役を熱演し、芸術選奨文部科学大臣賞を受賞した。演技派としての評価を確かなものにする。

04年、大きな転機が訪れた。がんの宣告。61歳のことだった。

「医者に行ってね、私は、『乳がんだと思うんですけど』と言ったら、『違うでしょう、いや違うと思いますよ』と。そうして待っていたらすぐ、『乳がんでした。よくわかりましたね』って（笑）。なんだよもう。ドラマでよくやるがん告知なんてのと、随分違うなあと思って」

がんの宣告を受けた樹木は、自分がこれまでの人生で「やり残したこと」を考えたという。結論は「人に添う」ことだった。自分は自分。樹木は、親にも、まわりの人にも、夫にも、生まれた子にも添ってこなかった。そこで「夫に添ってみよう」と思い立った。夫とはもちろん、戦いの連続だった内田裕也である。

「添うということを形で添うんじゃなくて、もう先がないならば、気持ちをちゃんと添ってみようと。

この人が、いいということであれば、それは明らかに違っていても、ああそうなんだという風に思うというところへ自分を持っていくんですね。

我慢してるとどっかでね、そんなというものがあるんですけど、我慢じゃなくて、『ああそうなの、これはバラに見えますけど、何ですか、水仙ですか、ああ、それじゃ水仙なんですね』というところへ自分を持っていったらば、非常に楽になりましたね。

そしたら夫が、それまで会うと『てめえこの野郎、馬鹿野郎』、FAXでも『ふざけるな』というのがきて、ああ怒ってんだなというね。でもそういう風になってからは、Dearなんて書いてあるんです」

がんをきっかけに、人に添ってみようと思い、実行に移して多くのことを学んだ。そんなときに出演したのが、是枝裕和監督の『歩いても　歩いても』。樹木はここでも「添うこと」を実行する。

「それまで私は傍若無人にいたんですけれども、夫とのことがありまして、病気がありまして、やっぱり仕事も添ってみよう、監督に添ってみよう、委ねてみようと思って、白のままですっと行くということをさせていただいた結果、作品がきちっとしてると全然何の心配もなく、いい結果が出ます。

私が好きな和歌があって、それはうちの父親がいつも琵琶で、『器《うつは》には従《したがひ》ながら岩金《いはがね》も通《とほ》すは水の力《ちから》なりけり』という明治天皇の歌をいつも父親が、『器には〜』って歌っていたんです。

その頃はさっぱりわからなかったんですけれど、いろんな形に、特に役者は添って添って、どんな形にもなって、そして一本スーッと岩がねも通す力、ぽたっぽたっと落ちる水の力で穴が空きますわね。それぐらいの……これが65（歳）になって、年金もいただけるようになりまして、今度の映画で余計に思いましたね」

13年、映画『わが母の記』で日本アカデミー賞最優秀主演女優賞を獲得した。そのスピーチで、全身がんだと告白したが、俳優としての仕事を止めることはなく、数多くの映画に出演を続けた。自然体の演技で、いつしか「名優」と呼ばれるようになった。

19年のインタビューでは、過去の演技との違いについて語っている。

「昔はね、女優って言葉が何だかしっくりこなくて、役をつくるっていう、私は役者です、役をやるものっていう感じで、今度はこういう役をこういう風にしてこういう風につくろうと、以前は思っていたんですけれども。

そうじゃなくて今は、周りにこういう夫が、こういう母親がいて、こういう子どもがいて、こういう生活環境の中に置かれたこの人という風に考えて、あんまり役という風に考えないで、できれば衣装の数は少なく、あんまりそういうものに労力をね（かけない）、その代わりピタッと決まったものを考えていただくという風に……気持ちですっと出るようになりましたら、逆にいろんな役が違って見えてくるようになりました。

前は、違っているつもりですけれど、どうも見るとなんだか似たり寄ったりという感じが自分の中でしていましたね」

病に対しても自然体

病を受け入れて、最後までありのままの自分であることを貫く。それが、樹木の選んだ道だった。

「一緒にいるだけよ、うん、病はね。

死も日常、生きるも日常。そんな風に思っているからあんまり境がないの。

死んでいる人だからもうおしまいということもないし、生きている人だからって、特に親しくもないし。別に、自分が生きていようが死んでいようが、あんまり境がないっていうか。そういうことだわね」

病に対しても自然体、歳を取ることに対しても自然体。それが樹木の生き方だ。

歳を取るのは面白い？　という質問にも次のように答えている。

「面白いです。面白いですよ。

思わず動きが鈍くなっても諦めがそこにちゃんと出るとかね、なんでも面白いです、歳取ると。それを嫌だわっていう風に思ったら、あらこんななっちゃったってね。今日も友達と話してて、歩くのがやっとなのって言われたときに、まだ歩けると思ったらどうですかと、歩けなくなっちゃったのと言うんじゃなくて、まだ歩けるっていう風に思う。もうね、歳を取ると、こうやって考えを、受け取り方を変えていく訓練になりますね」

10年以上、がんとともに生きる姿を私たちに見せてくれた樹木希林。18年9月15日、自由に生き、自由に演じた75年の生涯を閉じた。

「食べるのも日常、死ぬのも日常」

「自分が最低だと思っていればいいの。
自分が偉いと思っていると人は何も言ってくれない。
てめえが
一番バカになればいいの」

赤塚不二夫 漫画家
（1935～2008）

少年時代が赤塚漫画の原点

昭和を代表する漫画家、赤塚不二夫《あかつかふじお》。『おそ松くん』、『天才バカボン』、『ひみつのアッコちゃん』など、数々の爆発的ヒット作を世に送り出し、社会現象ともいえるブームを巻き起こした。ついた異名は〝ギャグ漫画の王様〟。芸能界をはじめ多方面との交流があり、とりわけタレントのタモリが世に出るきっかけをつくったことで知られている。

赤塚は１９３５（昭和10）年、旧満州、現在の中国東北部で生まれて幼少期を過ごす。父・藤七は満州で特務警察官をしており、抗日ゲリラと戦う一方で現地の人々とも交流していた。10歳のときに終戦。日本への引き揚げは過酷を極めたが、何とか母・リヨの故郷、奈良県大和郡山の実家にたどり着いた。

少年時代、満州と大和郡山で遊んだ日々が、赤塚漫画の原点だった。番組で大和郡山の思い出の地を訪れた赤塚自身が振り返っている。

「少年の頃を過ごした思い出が、僕の描いた『おそ松くん』のテーマ。その当時のことがモデルになっている。結局、いろんな大人も子どもも含めて、みんなでワイワイやる。

『おそ松くん』はそういうマンガなんです。あれはみんな郡山の思い出」（中略）

——柿とか桃があのあたりに植わってて、それを採りに行ったんですか？

「そうそうドロボウしてね。それから川の土手があるじゃない。向こう側の土手、今車が走ってる、あの向こう側がスイカ畑。夏は、スイカドロボウ」

「だって当時の子どもは本当に飢えてたんだから。その辺の自然のものならなんでももういただきだよ。そのぐらいのバイタリティーがあったんだ」

——それで、赤塚さんはどういう役目だったんですか？

「僕は見張り役。地べたにこうやって（腹ばいになって）見るの。そうすると空が見えるでしょ。真暗闇でも人が来ると人影が見えるんですよ」

「みんな子どもが考えた知恵だからね。見張りが『来たー！』って。それで逃げるんだ。土手を走って、ダァーッてね」

父はシベリアで抑留されており、母と子だけの生活は苦しかったが、赤塚にとって大和郡山での生活は楽しいものだった。この頃、赤塚の人生を変える運命の出会いが訪れる。

「僕は昭和21年に、生まれて初めて日本に来て、漫画ブームなんて知らなかった。貸本屋さんがいっぱいあって、（漫画を禁じていた）親父もいないし、漫画の虜になっちゃった。

とにかく借りまくって読みました。その中に手塚治虫の『ロストワールド』というマンガがあったんです。（中略）
僕が6年生の頃かな。これを見たときにものすごいショックを受けましてね。マンガでこんなスケールの大きい話ができるのか、というのと、もの凄い絵がモダンでしょ？ それでビックリしまして『よし、自分もマンガ家になるぞ』って」

『おそ松くん』誕生までの秘話

『ロストワールド』に衝撃を受けた赤塚は、漫画家になることを決意する。中学卒業後は家計を助けるため、映画の看板を制作する会社に就職するが、18歳で上京。工場で働きながら漫画を描き続け、20歳のときに貸本漫画家としてデビューを果たす。

この年、同人誌を通して出会った石森章太郎（後に石ノ森章太郎と改名）の誘いで、東京・豊島区にあったアパート、トキワ荘で暮らしはじめる。そこは〝漫画の神様〟手塚治虫を慕って全国から集まった寺田ヒロオ、藤子不二雄（藤本弘、安孫子《あびこ》素雄《もとお》）、石森章太郎らの若き漫画家たちが、お互いに切磋琢磨する〝漫画家の梁山泊〟だった。

「手塚先生に『君たち』って言われたことがあるんです。マンガ家になりたかったら『一流の映画を観なさい』『一流の音楽を聴け』『一流の芝居を観ろ』『一流の本を読め』。みんな一流だ。それで『マンガからマンガを勉強するんじゃないよ』。そういうものを自分の身につけて、そこから自分の世界をつくっていけって。それで僕らはそれを守ったの。

映画はもともと好きだったから、いい映画があるとみんなで観に行って、お金のあるやつが払う。今度は音楽。レコード屋さんに行って、『すみません、一流の音楽って何ですか？そうしたら『そうね、まずクラシックからお始めになったらいかがですか』って。LPがずらっと並んでいるでしょ。こうやって見て、『バッチャってのがあるな』『おほほ、それはバッハっていうのですよ』なんて言われて」

しかし、トキワ荘の仲間たちが大活躍をする一方で、赤塚はなかなか芽が出なかった。3歳年下で多忙だった石森のアシスタントをしていたが、なかなか自分の作品を描く機会を摑むことができない。赤塚は焦りと劣等感に苛《さいな》まれながら日々を過ごすことになる。

「（最終学歴は）四ツ合（現・潟東）中学校卒業。そこから、いきなり東京出て来てさ。中学校だよ、新制中学だよ。高校行ってないんだから、漢字もろくろく知らない。それが東京に出て、ああいう天才連中と、まともに付き合えるわけがないんだ。焦ったなあ〜、あのときは本当に。それから僕の人生が始まる」

漫画の仕事は貸本の少女漫画が数か月に一本ほど。赤塚の筆ははかどらなかった。本当は笑いを中心にした漫画を描きたかったからだ。やがて生活は困窮するようになり、赤塚は漫画家を辞める寸前まで追い込まれる。このとき、赤塚に救いの手をさしのべたのはトキワ荘の仲間たちだった。赤塚は仲間たちの恩に報いるためにも、ギャグのネタをノートに書き溜め、ひたすらチャンスをうかがっていた。すると初めての連載は思わぬときにやってきた。

「トキワ荘にある日、編集者が飛んで来て、誰か有名な先生が病気になっちゃって穴が空いちゃった。それで『描く奴いないか』って。(穴が空いたので)ピンチヒッターね。『ハイ〜』ってね。芝居で言えば、主役が倒れて代役が出て、それでうまくいくというのがあるじゃないですか。それと同じだ。で、次の月、本屋さんに自分の作品が載るっていうんで、しかも四コマ(漫画)とか一コマ(漫画)とかじゃなくてね、作品ですよ。それで本屋さんに行ったんです。見たらね、『爆笑連載マンガ』って書いてあった。あのときはビックリしましたね」

初めての連載ギャグ漫画『ナマちゃん』は大ヒット。自信を深めた赤塚は、1962

年、『おそ松くん』の連載をスタートさせると、またたく間に爆発的なヒットを記録する。特に自称おフランス帰りのキザ男、イヤミが見せるポーズ「シェー」が大流行。赤塚不二夫の名は全国に広まった。

「もともと落語とか漫才とかが好きなんだよ。面白いことがね。オフクロは関西ですから。大和郡山の人間で、やっぱり関西流のお笑いが好きだし。恥も外聞もなく、ただ面白がらせればいいっていうね。関東地方のような気取った笑いじゃなくて、面白ければいいっていう部分を持っているんです」

どこか可愛いギャグ漫画

その後、『ひみつのアッコちゃん』、『天才バカボン』、『もーれつア太郎』をはじめ、ヒット作品を連発。天才ギャグ漫画家として時代の寵児となる。しかし、赤塚はどんなに忙しくなっても遊び心を持ち続けた。個性的なキャラクターと奇想天外なギャグを次々と生み出していく秘訣は、赤塚の人間観察によるところが大きかったからだ。

「僕らが飲んでたら中国系のラーメン屋が来てね。「ナベさん」て言ってね。ナベさんっていうのはマスターなんです。『ナベさん、水割り欲しいのココロ』って言うんだよ。『おいしいのココロ』なんて言うから、俺そこで聞いててね。あっ、これは面白いフレーズだっていうので、それで『ココロのボス』っていうのが出てきた。

という具合に、要するに飲んでいるといろんなヒントがあるんですよ。だからね、僕の描いてる登場人物、あれはデフォルメしてあるけど、本当にいる奴なんだよ。

忙しい方が何かかえって燃えるね。酒飲みに行くのも一生懸命だし、麻雀も真剣だし」

赤塚の交友関係は極めて幅広かった。漫画の世界のみならず、山下洋輔をはじめとするジャズミュージシャン、内田裕也らロックミュージシャン、黒柳徹子やタモリ、たこ八郎らタレント、映画監督や写真家、放送作家などのクリエイター、はては自宅兼事務所のあった地元の人々などと幅広く交流を持った。赤塚は、全力で相手を面白がり、相手のことを受け止めた。赤塚の〝人間好き〟は作品にも表れている。

「僕はね、嫌いな人ってあんまりいないんです。そういう気持ちで描いているんだと思う。だから、登場人物がみんな可愛いんです。本当の悪人って出てこないんだ。すごいギャングみたいなのが出てきても、どっか可愛いの」

誰も描いていないものを描く

大きな病を乗り越えた2000年、点字の漫画絵本『赤塚不二夫のさわる絵本　よーいどん！』を発表する。点字本としては空前のベストセラーとなり、全国の盲学校に寄贈された。どうしてこういうものをつくろうとしたのかという質問にこう答えている。

「偶然、病院のベッドでテレビを観てたの。そうしたら目が不自由な子が出て来たんだ。で、笑ってないんだよ。みんなの表情が笑っていないんだ。これはまずい。彼らだって笑えるはずだと思ったの。それで『よし、彼らが笑う本を描いてみよう』。それで描いたんです。（子どもの頃）同じクラスにね、そういう連中がいたんです。だけど、みんなで『お前グズだな』って言いながら、頭ひっぱたいてオンブして、どっか連れてってとかね。ちゃんとしたもん。『なんでグズなの』って言いながらね。ちゃんとフォローしてあげるというのが人間なの」

人間が好きという気持ちとともに、赤塚の中で強かったのが革新的なことをやりたいという気持ちだった。『天才バカボン』やシュールなギャグ漫画『レッツラゴン』では実験的な手法を数多く取り入れて読者をあっと驚かせた。『さわる絵本』についても気持ちは同じ。「この本はこの業界で初めてだよ、初めてじゃないと俺はやらない」と力強く語っている。

「おんなじことやったってつまんないじゃん。初めてということは革命みたいなもんじゃない。俺、今まで人のマネをして漫画描いたことないの。いつも誰も描いていないものを描いてきた」

2002年に再び病で倒れ、08年に逝去。告別式には多くの人が訪れ、「これでいいのだ」と繰り返し歌われる『天才バカボン』のアニメ主題歌が流れる中、出棺された。人を笑わせるのが大好きで、仕事も、遊びも、常に全力投球だった赤塚不二夫。人に会い、人から学び、ギャグを次々と生み出した。ギャグにすべてを賭けた72年の生涯だった。

「面白いことをやりたい、描きたい気持ちがすんごく強いの。人気者になろうとか、ウケたいとか、そんなの全然関係ない。とにかく面白いものを描きたい。そうすれば結果はついてくる」

「女の人には全部、既婚・未婚を問わずバラ色の空がある
というのは私の持論なんです」

田辺聖子 作家
（1928〜2019）

写真：霜越春樹

大阪の魅力はゴッタ煮

花柄の服に、ぬいぐるみ。仕事、恋、人生を上質なユーモアで包んだ柔らかな大阪弁で綴り、多くの読者に愛された作家・田辺聖子《たなべせいこ》。「おせいさん」の愛称で親しまれた田辺は可愛らしいものが大好きだった。

「フランソワーズ・サガンに憧れてたの。サガンの小説が好きだったから、大阪弁でサガンを書こうと思った。だから恋愛小説をたくさんたくさん書きました」

1964年に短編小説『感傷旅行（センチメンタル・ジャーニイ）』で芥川賞を受賞。一躍、人気作家となる。その後、数多くの小説、エッセイのほか、『源氏物語』の現代語訳など、古典文学の紹介や文学者たちの評伝にも力を注いだ。08年には文化勲章を受章している。

田辺が生まれたのは1928（昭和3）年。実家は大阪市此花区（現・福島区）で写真館を営んでいた。4世代、20人以上が暮らす大家族とともに、大阪の文化を全身に浴びて育った。

「大阪の街ってだいたいはハイカラなところがあるのよ。みんなシャンソンとかアメリカのポップスなんか歌いながら、自転車を走らせたり。丁稚さんも番頭さんもみんな好きでしたのよ。私たちも小っちゃいときから道頓堀の洋画の封切り館松竹座へ（映画を）観に行ったり、父たちや若い叔父や店の人全部揃って幌タクシーなんかでミナミの道頓堀のカフェに乗り込んだりして、みんな跳ね出してたの。でも、その一方で祖父みたいに浪花節が好きで、広沢虎造《とらぞう》さんなんか聴いたり。もう私はゴッタ煮の中で育ってますの」

幼い頃から本が大好きで、特に少女小説を愛読していた。女学校時代には友人たちと手づくりの文芸雑誌を制作していたという。

「小説らしきものを書いてクラスメイトに回覧したりしてたの。吉屋信子みたいにロマンチックなのが好きですけど、山中峯太郎《みねたろう》の冒険小説も好きだったのね。たとえば『蒙古高原の少女』という題だったかな。私が女学校のときはちょうど戦争中ですから、少女スパイになってお国のために尽くしたかったの」

しかし、戦争が容赦なく田辺の幸せな少女時代を奪い尽くす。大阪大空襲で自宅の写真館は全焼してしまった。そして父親は病死する。優秀な成績で女学校を卒業した田辺は、小説家の道を進むことを決意しつつも、極貧に陥った田辺家の家計を助けるために、大阪の金物問屋で働きはじめる。

「やっぱり弟妹のことを考えると、どうしても学校に上げてやらなければと思って。でも、それはそれで、行ったお店がすごく元気があって面白かったの。商売の世界というのは打てば響くようなところがありますから」

大阪弁の素晴らしさを文学へ

田辺は苦境をものともせず、むしろ喜んで金物問屋で働いた。勤め先で田辺が知ったのが、大阪弁の面白さと奥深さだった。

「大阪人って不思議なところがありまして、自分のことを言うのに人のことを頼んでるみたいに言うんです。たとえば男性が女性をくどきますときに、『こない入れ込んでいるんやから、エエ返事聞かしたりいな』。お友達のことを頼んでるようなと思っておりますと、本人が自分を売り込んでますの」

「『ええ返事聞かしたりいな』なんて、こういうまわりにまわったくどい言葉。商売の街ですから、お互いに気を悪くしないで、相手を傷つけないで断わったり、それから売り込んでもダメだったら、『ほんだらこの次はあんじょうお願いします』と言えるように」

大阪の商人が使う独特の言葉も学んだ。そこには大阪の人たちの知恵が息づいていた。

「『相手が返事に困るようなこと言うたらアカン』という商売人のそういうのを仕込まれます。向こうが面白がって返事するような会話をしないといけない」

ある番組では質問にこう答えている。

――解説して下さい。まずは「猿のションベン」。

「『気にかかる』というシャレですよ」

――「木にかかる」、なるほど。「赤子の腰」って何ですか？

「『ややこしい』という。ヤヤコでしょ、赤ちゃんは。会話の中にこれを挟んで『ちょっと赤子の腰やな』って『ややこしい話やな』ということになります」

――「八月の槍」というのは何ですか？

「『ぼんやり』ですね」

――（八月は）お盆だから。

「『ぼんやり』と言われたら、言われた方も『何だ？』ということになりますけど、『ほんまに八月の槍やな』『スンマヘン』と、こうつい声が出て来るんですよね」（中略）

「先輩が使うので、だんだん新米の丁稚さんとか、そういう人たちが覚えていって。覚えると会話がスムーズになって、相手の商店のご主人と喋るときに大変楽なもんですから、どうしてもテクニックとして覚えてはるのね。（中略）なるだけ相手を怒らせないようにして、こっちの言い分も通して、そして向こうの言い分も聞いてあげて。ほどほどのところでうまいこと『双方怒らんうちに手打とうやないか』という」

大阪人の気質と大阪弁の素晴らしさを知った田辺は、大阪弁で小説を書きたいと強く思うようになる。7年間勤めた金物問屋を辞めて、26歳で大阪文学学校に入学。仲間たちと同人誌をつくり、10年もの間、ひたすら小説を書き続けた。20代で結婚、出産するのが当たり前だった当時の女性としては非常に珍しいことだった。

「26から36って、今もそうだと思うけど、当時の女性にとっては（大切な時期だった）。私は結婚する予定もぜんぜんなかったし、『どないすんねん』と言われて、『自分で自分に聞きたいわ』っていうぐらいだった。案外のんきでポカッとしてたというのは、物書き仲間の志を同じにする人たちと集まって、作品をあだこうだと言ってる、これが本当に楽しくて、これがあってほんのちょっとのお金を稼げたら、もう人生何もいらないぐらい面白かった」

1956年に書いた『虹』で大阪市民文芸賞を受賞。本格的な作家活動に入り、恋愛をテーマにして大阪弁を取り入れた小説の創作に取り組んだ。そして64年、大阪弁を用いた『感傷旅行（センチメンタル・ジャーニイ）』で芥川賞を受賞する。

「芥川賞もいただいても、ちっとも嬉しくなかったの。これから後の方が大変ですもんね。司馬遼太郎さんとこにご挨拶に行ったときに、司馬さんは一足前に直木賞いただいてらして、『もう書けないかもしれない、どうしよう』なんて言いましたら、司馬さんが『心配せんでもええねん。あんた、向こうは練習させてくれはんのやと思うて書いたらええ』って。とってもやさしくて。そういうことを聞いて、『ああ、そうかしら。練習、練習』と思っちゃった。厚かましいわね」

おせいさん、結婚する

大きな転機が訪れたのは38歳のとき。4人の子を持つ開業医・川野純夫《すみお》と結婚したのだ。嫁いだ先は、10人の大家族だった。川野はエッセイにも「カモカのおっちゃん」として登場し、読者に親しまれた。

「私、なんで若いときに結婚しなかったかというと、男性が恐かったのね。何考えているかわからへん。それであんまり（喋る）機会もなかった。喋らへん分、小説に書いてた。（中略）社会的な出来事を喋ったのは結婚してからおっちゃんとでしか（ない）。おっちゃんはお喋りやから。『そのとき、あんたはどない思ってん？』『う〜ん、そうね』なんて言いながら喋ったのね。『あんた口数少ない言うけど、ウソつけ。よう喋ってるやないか』『喋ってますか、私』。そんな感じだったの。こんだけ喋れるんだったら大丈夫と思って」
「『こんなに朝も昼も喋ってんのやったら、いっそ一緒になろうか』。『喋る時間多くなるやないか』と言うの。『喋る相手もいっぱいおるし』と言うから、何かと思ったら子どもを4人連れて来た」

夫と毎日のように晩酌しながらさまざまなことを語り合い、家事や子育ての合間に小説を書く。新しい環境で、作家としての視野が大きく広がったという。

「話していると同じような世代で育ってますけど、四つ年上でしかも男性というのはやっぱり自分が発表すべきこといっぱい持ってて、それをちゃんと喋りおるからね。要領得て、良くわかるように喋る。『これが大人の男の説得力やな』というのを学んだわけよ。それまでは男性を書いてるけれども、男役っていう感じ。編集者に笑われてたの。『田辺さんの書くのは宝塚（歌劇）の男役や』って」

田辺は文中に登場する大阪弁には細心の注意を払ったという。

「コタエタというのは傷ついたということである。大阪弁には『傷つく』などというキザな言葉はないので『コタエタ』と言うのだ。そしてまた『逃げられた』というのは『別れた』と同義語で大阪弁には物事を自嘲・被害的発想で表現することが多い。『あたしかてコタエタわ』と私は小さく言った」（『苺をつぶしながら』）

「大阪弁はとっても気を入れて書きました。やっぱり字に対して美意識があるかないかだと思う。みんなが使ってて、耳で聞いたら何ともないんだけど、目で見たときに汚い言葉というのは小説には使えない。小説は文字の芸術ですから。目で見てきれいでないとダメなのね。だから、難しい漢字にいくらルビがふってあっても、そういうものがあまり並ぶとみんな嫌いになっちゃう。みなさん、いっぺんご覧になって。スッと頭に入って『あっ、いいこと言ってるな。何て素敵なセリフだろう』『俺、これ今度使うてみよう』とか（中略）。

文学というのは、本当に人間の人生の中へ生身に入って来て、そのまままきれいに消化されていくと私は信じてます。小説の中でも、素敵な言葉、人をあっと驚かせる言葉、人の心の中に警戒されないうちにスルリと入ってってって、いつの間にか大きく太っていく。こういう愛の言葉だったら、みんなとても可愛がってもらえるだろうなって。そんなことを考えるから、いろいろモノの言い方とか会話なんか、とっても力を入れて」

女性の幸福とは

1974年の『言い寄る』から76年の『私的生活』、82年の『苺をつぶしながら』の3作を通して主人公・乃里子の31歳から35歳までを描いた「乃里子三部作」では、恋愛・結婚・離婚を経て、本当の意味での自立を果たす女性を描き、読者の共感を呼んだ。「乃里子三部作」の3作目『苺をつぶしながら』は、このような3行で始まる。

「苺をつぶしながら、私、考えてる。
こんなに幸福でいいのかなあ、って。
一人ぐらしなんて、人間の幸福の極致じゃないのか？」

女性が家庭に埋没することなく、広い視野をもって楽しく生きることを提唱し続けた。女性は結婚して、出産して、夫と家を支えるのが当たり前だった昭和の時代に、結婚したものの自分の意思で離婚し、一人に戻った状態を「女性の幸福」だと言い切った作品は革新的だった。

「どうしても女の人は、なかなかやりたいことをやれない場合が多いから。書いているうちにだんだんフェミニストになっていくのね。私、はじめはそんな気はありませんでした。だんだん小説書いてて、20年経ったらこうなっちゃった」

また、田辺は「当代随一の古典の読み手」とされ、『源氏物語』をはじめとする古典の翻訳も旺盛に行うほか、エッセイなどでも数々の古典文学を紹介した。

「古い日本の文学の中でも、我々が民族遺産と思っている古典なんかに、すごくおかしいのがあるのに、そちらはあんまり伝えられなくて。学校で私たちが習う古典の時間も大変真面目な、襟を正しているという、そういうことが多いですね。でも、すごくおもしろいものもやっぱり紹介したいなと思うし」

江戸時代の俳人・小林一茶の生涯を追った『ひねくれ一茶』で93年に吉川英治文学賞を受賞。70歳を過ぎてからは、これまで正当に評価されてこなかった文学者たちの評伝に力を注いだ。

「亡くなった方の一生というのを俯瞰《ふかん》できるのは、ある程度の歳を取ってからだと思うんです」

田辺の半生は連続テレビ小説『芋たこなんきん』として06年にドラマ化された。田辺をモデルにした花岡町子は、「女だから」と言われることを何より嫌う主人公だった。
大阪を愛し、大阪弁を愛し、古典文学を愛し、女性の生き方を書き続けた田辺聖子。喜びも悲しみも上質なユーモアで包み、多くの読者に愛された。2019年に逝去。91年の生涯だった。

「大阪をずっと書いてるうちに現代日本人の気持ちの底にたどり着けるとか、すべての人間の心の底に持ってるものがそこに象徴されて出て来るとかね。きっと、そんなんがあるんだろうと思いますが、まだなかなかです」

「夢を持ってたって諦めたら
その夢は消えちゃうわけですからね。
だから、諦めちゃいけないですよ」

コメディアン
坂上二郎
（1934～2011）

お坊ちゃまからほら穴生活へ

人気コメディアンであり、個性派俳優としても活躍した坂上二郎《さかがみじろう》。昭和40年代、〝欽ちゃん〟こと萩本欽一と「コント55号」を結成し、日本中に笑いの旋風を巻き起こした。

コント55号最大の特徴は、アドリブが中心で舞台狭しと駆け回る体を張ったコント。動きが激しすぎてテレビカメラが追いきれないこともあったという。それまでの漫才や落語とはまったく異なる新しいお笑いで一世を風靡《ふうび》した。

「（欽ちゃんとのコントには）台本なんかないです。たとえば、社長と社員という、それだけ。だから、あの間、私は何をやろうかとか、バカバカしいこととか、いろんなこと考えてるわけです。汗びっしょりかいてお客さんのほうを見ても、こんなのやってられないという顔をするからお客さんが笑う。その間、考えてる」

「（同じコントは）二度とできません。台本がないんだもん。だから面白かった」

坂上は1934（昭和9）年、鹿児島県生まれ。幼い頃に父親が旧満州、今の中国東北部で事業に成功し、裕福な家庭で育った。

「お坊ちゃまですよね。この当時は親父がもう事業で大成功しておりましたから。（父が行っていた事業は）印刷局です。400人ぐらい従業員の方がいらっしゃいましたね」

1941年、戦火の激しさを避けるために帰国。しかし、敗戦とともに生活は一変した。父親はシベリアに抑留され、鹿児島の祖父のもとに身を寄せた坂上は、毎日の食事にも困る極貧の少年時代を送ることになる。

「貧しさとは、（具体的には）ほら穴生活とかね。ほら穴の中でご飯食べたりね。（今からは）想像つかないですよ。お米なんかない。ふすま（小麦のぬか）とかね」

一家は離散し、坂上は鹿児島の祖父のもとへ預けられる。祖父の仕事を手伝うため、大八車を引きながら一人で山道を歩いていると、一家団欒を恋しく思うこともあった。そんなとき、坂上の心を慰めてくれたのは大好きな歌だった。最初は鼻歌程度だったのが、好きが高じて、小学6年生のときに地元ののど自慢大会に出場する。中学に進学しても歌への情熱は高まるばかりだった。

「中学に入っても歌が好きだから、教室の中で先生が音楽の時間に一生懸命黒板にこう譜面か何か書いてらっしゃる後ろの方で、私が私のグループだけを集めましてね、当時の流行歌手の声帯模写なんかをやってたんです。

そんなことをやってるから、しまいにゃ先生も怒りますね。授業を邪魔するっていうんで、校長室に呼ばれました。校長先生が『なんだ二郎、音楽の時間に後ろのほうで流行歌ばかり歌ってダメじゃないか。そんなにお前歌が好きか』『はい、将来歌手になります』って言いました。校長先生の前で歌いましたよ、2曲」

「校長先生は理解がありました。『君なかなかいい声、ボーイソプラノでいいね。君ならひょっとしたらなれるかもしれない』。そのうち、校長先生が授業中でも私に『おい二郎、明日どっかののど自慢があるから、学校来なくていいから、そっち行け』って。考えてみたら見放されていたのかも」

「コント55号」結成へ

中学を卒業後、地元の百貨店に就職するが、歌手への夢は持ち続けていた。職場では歌手の物真似で周囲を笑わせていたという。1953年、人気番組『NHKのど自慢』(当時は『のど自慢素人演芸会』)の鹿児島大会で優勝した坂上は、歌手を目指して上京。人気歌手・青木光一の付き人や、島倉千代子のショーの司会を務めながらチャンスを待った。

「青木さんがある日、突然『おい二郎、ちょっとコントやりたい』って言うんです。『バカなこと言っちゃいけません。私は歌手を目指して修業しているのに、そんなコントなんかやったことないですよ』。日頃の私の言動を見ているわけです。バンドさんのところへ行っては、例の通り物真似やったり。そんなのを見てるから『お前やれるよ』って言うんで、やったんです。これが受けたんですね」

歌手としては芽が出なかったが、お笑いの才能を見出された坂上は、人気漫才師の獅子てんや・瀬戸わんやを紹介される。彼らの師匠・内海突破から「安藤ロール」という名前をもらい、漫才コンビ「内藤ロック・安藤ロール」を結成。解散後は、浅草のストリップ劇場・浅草フランス座のコメディアンとなる。

1966年、坂上が32歳のときに人生を大きく変える出来事が起こる。7歳年下のコメディアン・萩本欽一との「コント55号」結成である。数年前、フランス座の階下にあった東洋劇場に出演していた萩本とはフランス座で共演していたが、コンビを組むまでには至らなかった。その後、フランス座を出てキャバレーの司会などをして食いつないでいた坂上が、何気なく萩本に電話を入れて食事に誘ったところ、再び二人で舞台に上がる話が持ち上がった。ここからコント55号はスタートする。

「最初に『机』というネタをやったんです。これは医学博士が私で欽ちゃんが書生の役です。うちで女房なんかに見せたらひっくり返って笑うもんだから、自信を持って初日やったわけ。でも、あんまり笑いがない。『欽ちゃん何か話あるって』『いや、二郎さんから話してくれ』『俺はね、ちょっと役を変えてみようかと思った』」

「要するに僕が医学博士というのは当たり前、欽ちゃんが若いんだから書生は当たり前だけど、欽ちゃんが若い医学博士で私が歳取った書生ってのは設定が面白いんじゃないか。で、二日目、『ただ今よりアメリカからお帰りになりました萩本欽一大先生によります〈酒と健康について〉、しばらくご静聴賜りますようよろしくお願いします』。私、下手のほうへどうぞとやったんです。そりゃもうアドリブだから、どうぞと、こっちにいたかなと思ってやったら、反対から出てきちゃった。で、いきなり私をバーン！　と蹴っ飛ばして、『どうしてそういう司会をやるの⁉』と引っ込んじゃったんですよ。しょうがないから『大変見苦しいところお見せしました。再びお迎え致します。それではどうぞ』って、今度は上手にやると下手から来ちゃった。バーン！　ってまたひっくり返して『何回言えばわかるのさ！』。それからああいうしつこいコントになった」

エキセントリックで意表を突く萩本のツッコミに、人の良さそうな坂上が汗だくで応じる様子が爆笑を生んだ。スピード感あふれるテンポの速いコントはたちまち大人気になり、『コント55号の世界は笑う』、『コント55号！　裏番組をブッ飛ばせ‼』などの高視聴率番組を連発する。コント55号はテレビ時代の寵児となった。

「必死だよ。だってムチャクチャだもん。だって考えられんことやるんだもん。本当によくついていったよ、俺も。お笑いはあの人の方が上だからさ。年下だけどそういうものは上だから」

「やっぱり勉強してますから。（中略）憧れた人というのは、欽ちゃんはチャップリン。あの人は笑いを追求したでしょ。私はどちらかというと音楽畑。（中略）僕もお笑いを追求してチャップリンが好きだ、欽ちゃんもチャップリンが好きだ、であったら意見が割れてます。僕は音楽のほうから欽ちゃんと一緒になってるから、うまくいったんです」

脳梗塞からの復活

昭和40年代後半からは俳優としての活動もスタート。刑事ドラマ『夜明けの刑事』で主演を務めるなど、素朴で人間味あふれるキャラクターで新境地を切りひらいていった。念願の歌手にも挑戦し、1974年に発売した「学校の先生」がヒットを記録。その後もテレビや舞台などで持ち前の美声を披露した。

お笑いに芝居に歌にと活躍の幅を広げていった坂上だが、69歳のとき、突然脳梗塞に襲われる。一命を取り止めるが、左半身に麻痺が残った。坂上は懸命にリハビリに取り組んだ。なぜなら、退院の半年後、萩本と再び舞台に出る約束があったからだ。

「やっぱり舞台に出て笑いを取りたいなという気持ちがありましたね。もう一回笑いが取れるかなという気持ちが。

辛いですよ。『もういいな。今日は止めようかな』と思うときはありますよ。でも、自分自身に自問自答するんです。

『なんだ二郎、ダメだよお前。ここでお前一回休んだら、またそれだけ遅れるんだからやれ。やった後のこと考えろ』。そうだ、やった後、『やった、よかった』と、こういう気持ちになるでしょ」

再び舞台でお客さんを笑わせたい——。その夢が、坂上を支えた。萩本からは「車いすでもいいから出てほしい」と言われた。どうしても坂上二郎が必要だという意味だ。舞台が近づくと、リハビリに熱が入った。舞台では萩本との掛け合いが主で、セリフの多くはアドリブだった。病気の影響か、稽古では芝居の流れがなかなか頭に入らず、言葉が出ない。本番1か月前の記者会見では初めて脳梗塞の事実を明かし、大きなニュースになった。不安は募ったが、公演の日は近づいてくる。２００４年6月、ついに初日の幕が上がった。

「初日が開きました。幕が開きました。さあいよいよ私の出番ですね。もうそれまではドキドキですよ。

パッと扇子で顔隠して、パーッとセンター（舞台の中央）まで行って、パッと顔を出したら、お客がワーッと笑って手をバーッと叩く。『ご心配おかけしました。この通り元気になりました。最後までごゆっくり見て下さいね。じゃ、行きますよ〜』って、ステップを踏みながらバーッと引っ込んだんです。そしたらもうスーッとしましたね。『ヤッター!』という」

「言えた。ろれつが回った。もうそれだけでバンザーイという感じですよ。欽ちゃんと抱き合って泣きました」

ギャグもアドリブも冴え渡った。体もよく動いた。役者にとって観客の歓声と喝采が一番の薬になることを知った。リハビリ中は、同じ年の芸人仲間・牧伸二からもらった額に書かれていた言葉を胸に刻んでいたという。そこには「心に太陽を」と書かれていた。

「心に太陽を。そうだよな、心に太陽だよな、いつも燦々《さんさん》と輝いていなきゃダメだ。希望を持って頑張るんだ、と。見た瞬間、何となくね、力がスーッと抜けていきました。これに勇気づけられました」

「輝きますよ。飛びます、飛びます!」

脳梗塞から見事に復活を果たし、その後も舞台やドラマなどで活躍を続けた坂上二郎。芸人魂を貫いた76年の生涯だった。

「好きな言葉は『真面目』ですね。真面目と言うと堅く感じますけど。嫌な言葉は『慣れ』ですね。慣れに慣れたくない。いつも新鮮でありたい」

落語というのは、常識に対する非常識の肯定。

「悪徳のにおいのしないものは、芸として楽しくない」

落語家
立川談志
(1936~2011)

大人は信用できない

落語界の風雲児と呼ばれた立川談志《たてかわだんし》。破天荒な行動と毒舌で常に注目を集めつつ、迫力とスピード感あふれる語り口の落語で観客を魅了し、江戸時代からの古典落語に革命を起こした。熱狂的なファンを多く生んだ落語界のカリスマである。

立川談志は1936（昭和11）年、東京に生まれた。その生き方に決定的な影響を与えたのは、9歳のときに体験した日本の敗戦だった。著書『「現代落語論」其二　あなたも落語家になれる』には次のように記されている。

「いい戦争なのだと思っていたら、悪い戦争だった、ということになった。この一事のために、私はもはや何事も素直に見ない習慣を身につけてしまった」

独自の視点で世の中を斜めに斬り、それでいて本質を突く。毒舌と含羞《がんしゅう》が同居している。談志の思考の萌芽《ほうが》は少年時代からすでに表れていた。

「小学生から皮肉なガキだったね。だいたい大人を信用していなかった、ガキの頃からね。まして戦争に負けて価値がガラッと変わっちゃったから。教育に対して根本から疑問を持つようになって、授業中に落語全集か何か読んでたんだよね。したら先生が来て、俺の肩に手をかけてね。キザな野郎だな、怒鳴りゃいいじゃねえかコノヤローと思ってね。『何しているの、先生』『君に勇気を与えてる』。何を言いやがんで嘘つきめ。とにかく後年、遅い電車に乗ったら、その先生酔っ払ってカ〜（といびきをかいていた）。やっぱ当たってたと思ったけどね。どうも大人っつうのは信用できなかったな。嘘だもん。神風吹くだの八紘一宇《はっこういちう》だかなんだか知らないけど、嘘ばっかりついて」

「基本はどっかで美談は嘘だよ、みたいなものが（あった）。美談が嫌で嫌でしょうがないもの。美談は嘘臭いよ。本当の美談は恥ずかしがって出てこないです」

古典落語を現代に通用するものに

戦後、談志が出合ったのが落語だった。小学5年生のとき、伯父に連れられていった寄席で見た落語に夢中になり、授業中も落語に関する本を読み耽るほど。寄席に通い続け、「ずっと寄席に居たい、寄席にずっと居るためには落語家になるしかない」という思いが心を占めるようになる。

「生意気なガキで、どっか世の中を斜に見てたというのは常にあったんですね。だから少なくとも学歴を取るよりは落語歴を取ったほうがいいだろうって判断ははっきりしたみたいです。落語以外にぶつかるものがなかったような気がする。雰囲気、やがては内容、それから自分の中にあるものを表現させてくれる手段を持つ技芸だったんでしょうね、落語は」

「寄席の様式美っていうんですか。提灯とか名札とかビラ字（寄席文字）だとか噺家《はなしか》の紋付袴のスタイルとかっていうのが好きで入っちゃったんです。まして人間の業を肯定する。『偉くなりました』とか何とかいうのがない。そういう部分に惹かれたんでしょうね」

落語にほれ込み、やがて高校を中退、16歳で五代目柳家小さんに入門する。柳家小《こ》よしという名前を与えられて修業に励み、１９５４年に二つ目に昇進。柳家小ゑんとなる。寄席にとどまらず、洋服姿でキャバレーなどでスタンダップコメディーを披露すると、すぐに天才ぶりを発揮してたちまち人気者に。その名は知れ渡り、テレビ、ラジオへと引っ張りだこになった。

27歳で立川談志を襲名、真打ち昇進を果たす。しかし、この頃から「このままではいずれ落語はダメになる」と危機感を抱いていた。談志は、古典落語を現代に通用するものに変えていかなければならないと決意。古典落語の人間像や設定、最後の落ちまで、現代人が共感できるものに変えていく。

「最初はね、『伝統を現代に』っていうスローガンを持ってましたから。今はもう平気で現代語も使うしね。たとえばね、『わらじを持ってほんの二、三町行ったかと思うと。二、三町というのがわからないんだね。20センチぐらいだよね（注：一町は約１０９ｍ）』。そういうこと言ったりね。『ペンペン草が生えちゃって。ペンペン草ったってわかんないだろう。大きくなると三味線になる木なんだよな』。こういう風なギャグにしてね。何メートルと（正しい数字を）言わない。その代わりに20センチなんだよね。そうすると向こうは嘘に決まってるってのはわかるから、あとで調べたり考えたりするんだろうし、さっきのペンペン草というから三味線になる木だよ、客がワーッと笑うよね。あまりにも飛躍した考え方で、まぁこれが一つのイリュージョンみたいなもんだけどね」

談志の代表的なネタの一つ「居残り佐平次」では、肺病やみの佐平次という設定を変え、廓《くるわ》で散財して主人をゆする男をバイタリティー溢れる人物として演じてみせた。

（佐平次）「実は私は表へ出たくとも出られねえわけがありまして。他でもねえ、一度表へこの家の敷居をまたぐと御用と。あっしは追手のかかる身なんでござんして」

（主人）「前科《まえ》があるのかい？」

（佐平次）「ええ、人殺しこそしませんが、盗み、たかり、脅し、家尻切《やじりき》り、かっぱらい」

（主人）「ちょちょいと、そんな前科があったのかい。もし、これがわかったら、うちの商売成り立たなくなっちまう。なんとか高跳びできないのかね」

（佐平次）「してえのは山々ですが、先立つこれがござんせんで」（中略）

（若衆）「あんな悪い奴にあんなにされて、銭やって。冗談じゃ。表から送るなんて。ああ、とんでもないことですよ。あんな者、裏から帰したらどうなんです」

（主人）「あんな者にウラを返されたら、後が怖いだろ」

常識にとらわれない

談志落語の真髄は「落語は人間の業の肯定である」という言葉に尽きる。人間の弱さや愚かさを含め、そうした人間らしさを描き出すことこそが落語であるという。

「たとえば四十七士の物語で、あれ47人が仇討《あだう》ったって、浅野内匠頭の浅野は少なくても今流に言えば、社員は300人ぐらいいたろう」

「（47人以外の人のほうが多いはずだが）行ったのは47人ですね。あとは、みんな逃げちゃったわけでしょ。向こうは強いから仇なんか討てっこない。仮に討ったって、あとは切腹だ。切腹すると腹が痛えとか、いろんなこと言いながら逃げちゃったわけね。落語は逃げたほうにスポットを浴びせる。人間って逃げるよな、行かないよな」

「大義名分じゃねえんだ。小義なんだな。つまり、人間はなぜ生きるかとか、愛とは何だとか、正義とは何とか、そんなことを考えないで、『お前、つまみ何か持って来い』『ないよ』『ないこたねえ、朝食べた納豆の残りが確か25粒ぐらい残ってる』。そういう小さいことよ」

「落語の廓噺の三大悪で、『居残り佐平次』、『突き落とし』、『付き馬』みたいなね。無銭飲食で逃げちゃうとかね。私はこれが落語だって言ってるんです。良い奴は良い奴、悪い奴は悪い奴、こすっからい奴はこすっからい奴。こすっからいためにこうなった、なんて言わないんだよな」

古典落語に新たな命を吹き込んだ談志は、これからは落語家も寄席だけではなくテレビに出なければ駄目だとテレビ局に企画を持ち込む。これが現在まで続く「笑点」に発展し、談志は初代司会者を務めた。

さらに、談志は政界に打って出る。69年の衆議院議員選挙に出馬するも落選。71年、35

歳で参議院議員に当選する。最下位での当選だったが「真打ちは最後に出ると決まってるんだ」と言ってのけた。

「管理不能なのよ。落語家は落語だけやって、政治は政治の世界に任すなんていう。そんな常識的な奴が落語やったって面白くも何ともねえと思ったんです。『それいけ！』ってなもんで、オッチョコチョイが落語をやるから面白いんでね」

75年、沖縄開発政務次官に就任するが、酒が原因の失言で辞任することに。

「酒は人間をダメにするものでない。人間がダメだという確認をさせるために酒は存在する」

47歳のときには、真打ち昇進問題をめぐって落語協会を脱会。弟子を引き連れて落語立川流を創設する。常に追い求めたのは、常識にとらわれない生き方だった。

晩年の談志が頻繁に語っていたキーワードが「イリュージョン」である。人間誰しも持っている、非常識、不条理、非日常、無意味、混沌《こんとん》などを肯定するもので、落語の中に出てくるイメージの飛躍、突拍子のなさ、まったく予想できない展開など、具体的に説明しようと思ってもできない面白さ、おかしさ、それを誰かと共有できる喜びを指す。談志は落語でイリュージョンを表現できたとき、大きな充実感を得ていた。

「説明できない部分でいろんなものが交差しているでしょ、人間ね。空想というか、狂的なものが皆あるはずなんです。それらを纏《まと》めてイリュージョン（幻想）ということに。私にはこういうイリュージョンあるんだよ、あなたにもあるでしょ。こっちのイリュージョンについたイリュージョンは、これ、認められるね、あなたにもわかるね、このバカバカしさが、という。そういうものが山のように人間の中に詰まってて。『居残り佐平次』みたいになると、『エヘラポー、ニシラッツー、ズドンズドン、ブヒャー！』『何だいあいつはいったい』。そういう形にないみたいなものまでイリュージョンにぶっ込んじゃうという。60代でしたけど終わって抱きしめたいくらい、いい出来があった。自分で『ああ、いいな』と思った。そういう舞台が多々ありましたよ」

落語は「業」の肯定

全力で駆け続けた談志を61歳のとき、病魔が襲う。食道がんだった。談志は病と闘いながら、それでも理想の高座を追い求め続けた。

「だから『落語は業の肯定である』ということで救ってきたんですよね。だけど、手前がこんなに苦しがってると、何を言ってやがんだお前、と。何が業の肯定だと。これ（老い）まで肯定の中に入れればいいんじゃねえかと。

自分が弱いのかなあ。だからこの『弱いのかなあ』と言ってる言葉自体もキザでね。それを含めて『何を言ってやがんだ、この野郎』てなことにも気がつくわけですよ。甘ったれやがって、この野郎。『死にたい』なんてよく言うよ、この野郎。いい歳こきやがって、どんどん勝手に死にゃあいいじゃねえか、バカ野郎。刻一刻近づいてくる死に対して怯《おび》えているとしたら、自然と言えば自然かもしれないけど、非常に情けねえな。そんな怯えるほどのことは（ない）。みんな死ぬことは確かなんだから」

肉体の衰え、記憶の衰え、声の衰え。自らの衰えに戸惑い、苛立ち、もがき苦しんだ。弱音を漏らすこともあったが、自分を叱咤《しった》しながら高座に上がった。

「やっぱり客がそこそこ納得してるにしろ、自分が納得しないものってのは嫌ですからね。しっかりしろ、立川談志」

「『生きる』だね。命短し……」

喉頭がんを発病し、声が出にくくなっても、高座に上がり続けた。医師から声帯摘出手術を勧められていたが、それも断り、かすれた声で落語を演じ続けた。高座ではいつも客席に向けて丁寧にお辞儀をしていた。それは若い頃からずっと変わらなかった。
落語家は本来アウトローであるべき。落語を愛し、客を楽しませ続けた75年の生涯だった。

「学問ってのは何なんですかね？」「学問？　貧乏人の暇つぶしだよ」「ああ、そうですか。努力って何ですか？」「バカに与えた夢だ」「若者に未来はあるんですかね？」「未来はない。時間があるだけだよ」「ああ、そうですかね。若者は長生きしませんか？」「しないよ」「証拠がありますか？」「あるよ。若者で長生きしているやつは一人もいねえじゃねえか」

（立川談志の落語「やかん」より）

第4章 残された時間、次世代へのバトン

「何にでも使える時間
というものが出来たとき、
その人が何に使うか」

ジャーナリスト
立花隆
（1940〜2021）

安定したものが記憶の底にない

「知の巨人」――ジャーナリスト・立花隆《たちばなたかし》の二つ名である。

世に問うた著作は、政治、社会、科学、宇宙、生命とジャンルを超越した、合計100冊以上。東京・文京区にあるユニークな外観の仕事場、通称「猫ビル」には、5万冊から6万冊と言われる膨大な蔵書が並び、「知の巨人」の旺盛な好奇心を支えた。

「何か新しいテーマで取り組もうとするとき、まず何をやるかというと、本屋に行くわけです。本屋に行って必要な参考になる資料を片っ端から買っちゃう。それを並べるっていうね、そこから始めます。僕、本というのはね、人間にとって外部記憶装置だと思っているんです」

「入力と出力の比ね。おそらく100対1にしないといいものは書けないと言ってるんです。だから一冊の本を書くつもりなら最低100冊読めと。それよりずっとインプットが少ないと、それはね、中身がスカスカの本になります」

1940（昭和15）年、長崎県生まれ。2歳のときに中国・北京に移り住み、そのまま終戦を迎えた。5歳のときに日本本土への引き揚げを経験する。大人用のリュックを背負い、数百キロの移動を繰り返した。途中、大人たちとはぐれて孤児になりかけたという。過酷な引き揚げ体験は、幼い心に暗い影を落とす。

「あの引き揚げのときから僕の記憶は始まってるんです。海外にいた日本人にとっては、国が滅んだんです。国が滅んで、それまでの生活の全てを捨てて日本へ帰るために歩いたり、なんかして……。そういう生活が僕の頭の中に染み付いてるんです。だから、安定したものが、そもそも記憶のいちばん底にない。最初から流浪の民みたいな感じです」

厳しい条件に出会えば出会うほどいい

茨城県水戸市で過ごした中学時代は陸上競技に熱中した。走り高跳びで全国2位の記録を出したこともあった。同時に小学生の頃から読書に親しみ、当時から読書遍歴に関する文章を残している。

59年、東京大学に入学。フランス文学を専攻する。文学青年で、小説を文学雑誌に投稿していたが入選しなかった。在学中、カンパを集めてイギリスで開かれた「青年の国際核軍縮会議」に参加、原爆に関する映画を上映しながら、半年間ヨーロッパを旅した。

「僕の大学4年間を通して最大の学びは何だったかといったら、あの6か月に学んだことだったという気がするんです。いろんな場所を訪ねていろんなモノに出会う、人に出会う。それがやっぱり旅の醍醐味じゃないですか」

大学卒業後、文藝春秋に入社。『週刊文春』に配属され、特集記事を担当するが、わずか2年半で退社する。

「やっぱり自分がやりたいことは喜んでやります、そのテーマに乗るときには（特に）ね。そうじゃない、乗らないものを『お前、あれやってこい』と言われると、それは嫌になっちゃいます。僕、プロ野球と競馬ってまったく興味がないんです。何の関心もないから知識はゼロ。だから、僕はそれはやりませんと宣言したわけね。そうすると、あいつは生意気だってことになる。で、『お前、プロ野球の取材もできないで週刊誌の記者が務まると思うのか』ってね。僕はもともと組織にいる人間じゃないと。組織に入らないで生きていこうと。それで辞めました」

「嫌だと思うことはなるべくやらないことです。（中略）人間ってのは、何やっても食えるんです。何やっても食えるっていう基本的な認識があれば、そうそう嫌なことはしないで生きてくという人生を選択できると思うんだけれど。僕はそれ、ものすごい大切なことだと思うんです。世の中、嫌いなことやって生きてる人間って多いですから」

67年、東京大学文学部哲学科に学士入学。哲学科を選んだのは、「この世界はどうなっているか」「人間は何のために生きているか」という基本的な命題について考えていたからだった。しかし、大学に戻って2年目に東大紛争が起こり、授業が行われなくなる。

やがて、かつての仲間の誘いで文筆活動に入り、ルポライターとして活動を開始する。「立花隆」のペンネームを使い始めたのは、この頃のこと。69年に雑誌での仕事を集めたルポルタージュ集『素手でのし上った男たち』を刊行する。28歳だった。

「厳しい状況こそ、チャンスなんです。厳しい条件に出会えば出会うほどいいんです。そのとき、逆に自分が見えてくる。自分の弱さ、強さ、貧しさ、豊かさ、全部見えてきます。で、ダメな部分が見えないと、自分をどう変えていいかもわからない。人間苦境に立てば立つほど、そういうものが見えて、自分がどうすればいいかがわかってくるわけです」

生活費を稼ぐためにバーの経営をしたこともあった。バーの名前は「ガルガンチュア」。フランスの作家、ラブレーの作品から採られたもので、ガルガンチュアは人間の欲望を肯定する存在の象徴。店には「汝の欲するところを為せ」というモットーが記されていた。

「やりたいことを常にやってきたかどうかは疑問だけれども、少なくとも自分がやりたくないことは絶対やらないという、それは貫いてきたつもりです」

組織に属さない生き方をした人の持つ強さ

74年、34歳のときに手がけたのが、『文藝春秋』に掲載された「田中角栄研究～その金脈と人脈」である。現職の総理大臣・田中角栄に関係する政治資金報告書や、会社や不動産の登記記録を徹底的に調べ上げ、どのようにして莫大な政治資金を生み出しているのかを明らかにした。日本における「調査報道」の先駆となった仕事である。

「それまでの雑誌というのは全て、自分たち自身が調べるんじゃなくて、何々によるとこうだ、という書き方しかしなかったけれども、我々の調べによるとこうだという書き方ができることになって」

この記事に注目したのは海外のメディアだった。外国特派員協会で開かれた田中角栄の記者会見で厳しい質問が相次いだことから国内でも角栄批判が高まり、田中内閣は総辞職に追い込まれる。

「世のしがらみの問題ってありますよね。この人に対してこれを言っちゃいけないとか、こっちに気を使うとこれは言っちゃいけないとか。そうするとね、書くものに対するキレが弱くなります。一貫してこういう（組織に属さない）生き方をした人間の持っている強さというかね、こういう生活の蓄積がもたらした強さみたいなのはあると思います」

その後もロッキード事件で起訴された田中角栄の裁判をすべて傍聴した。退陣後も大きな政治力を持ち続けた田中を批判し続けた。

「権力というのは、常にジャーナリズムがそれに対して監視の目を向けていないと必ず腐敗を起こすんです。腐敗するほど強力な権力というのは、そのジャーナリズムをも一緒に腐敗させてしまうところがある。だから常にそういう腐敗に対して、大衆の目を向けさせるジャーナリストが必要なわけです。で、それを実現するのが調査報道だと思うんです」

自分の言葉で伝えるのがジャーナリズム

立花の旺盛な好奇心が次に向かったのは科学分野だった。83年に上梓した『宇宙からの帰還』では、12人の宇宙飛行士を取材した。宇宙での体験がその後の人生にどのような影響を与えたかを克明に描いた。そのほか、素粒子、ロボット、脳科学、環境、サル学、生命科学、臨死体験にいたるまで、科学技術のあらゆるテーマに深く切り込んでいった。

「(20世紀は)圧倒的に科学の時代ですよね。科学的知見の広がりという意味でも科学の時代だし、それから科学が与えてくれたいろんな知見を元にして、いろんな技術が発展して、それなしには社会全体が動かないようになった。そういう両面で、科学の時代ということが言えると思います。

この深く知りたい、探求の的というのは、宇宙にも向くし、それから地球にも向くんだけれども、もう一つは生命というか、その生命の中の人間。その人間の中の脳、それが一体どうなっているか。そういうところへ、人間の関心がどんどん広がり深まっていって、それ以前の知識とは比較にならない知識を獲得し出して、爆発的に広がったのが20世紀という時代の特徴です」

「脳死」が議論されるようになると、脳に関連する著作を数多く発表する。「最先端で起きていることを自分の言葉で伝えるのがジャーナリズム」だとする立花は、一般大衆と専門家との知識のギャップを埋めることが自らの役割だと考えていた。

「(ギャップが広がると)要するに何が起きてるのか、よくわからないわけです。原発だってそうです。（中略）早く国がガイドラインを与えてほしいとか、そういう言い方でしょ。もうわからないから、誰かが何か決めてくださいと。でも、それじゃダメなんです、本当は。ちゃんと対応するためには今何が起きているかを理解して、ではこうするという、その理解を踏まえた上での決断が必要なはずなのに、そこができない」

立花は、日本の国民全体の科学に対する理解度が低いことをたびたび指摘し、警鐘を鳴らしてきた。

「科学の最前線にいる人たちだけが科学をやっているんじゃなくて、この社会の営み全てが、その全人類のやっていることを普遍的な知識として、全人類が共通して持つ。そういう知の世界がサイエンス。（中略）

要するに、人々の理解力が追いつかなくなって、サイエンスはわからないからお手上げですみたいな感じになって、後は専門家にお任せ、そういう状況になっちゃうこと。それで教育水準がずっと下がって、普通にハイスクールを出ただけじゃ、今の社会がどうなっているのか全然わかりませんという人がこの社会の大部分になって、ごくわずかな知的特権階級がわかるところをやる。それではやっぱりいけないんじゃないんですか」

天然資源に乏しい日本が、将来にわたって先進国の一員として世界に貢献し、豊かな生活を維持するには科学技術の振興が必要不可欠になる。しかし、学校で科学関連科目が大幅に減らされた80年代以降、科学に関する知的レベルが下がっているのではないか。立花にはそうした危惧があった。だからこそ、自分は常に最先端の知識をアップデートしながら、難しいことをやさしく書くことを心がけた。次の言葉に立花の信念が込められている。

「ちょっとやそっとではわからないものを、一般大衆のレベルにわかりやすいように変えていく。それで社会全体の知識の総量を上げていく」

がん患者として

02年に大腸ポリープが発見されて切除。07年には膀胱《ぼうこう》がんと診断されて手術を受ける。飽くなき好奇心は自らの病にも向けられた。抗がん剤、遺伝子、免疫システム、がん幹細胞……。世界の最前線の研究者たちに取材を行った。その結果、ある結論にたどり着く。

「全然頑張るつもりがないがんの患者であります。がんの本質的な性質というのが今わかってきているんですが、わかればわかるほど、がんというのは本当に徹底的にコントロールすることが極めて難しいということが十分わかってきてるという」

生命そのものがはらんでいる「一つの避けられない運命」という側面をもっているがんとは、闘うことはせず、残された時間を穏やかに過ごしたい。それが、立花が導き出した答えだった。最後は一切の検査も治療も拒否して旅立った。

鋭く激しい知的好奇心に貫かれた80年の生涯だった。死に際しては、膨大な蔵書や資料をすべて譲渡してほしいと強く言い残し、実行された。「猫ビル」は空っぽとなった。

「人間みな死ぬまで生きられるんです。ジタバタしてもしなくても死ぬまでみんなちゃんと生きられます。その単純な事実を発見して、死ぬまでちゃんと生きることこそ、がんを克服するということではないでしょうか」

「強くなるときって負けた後なんだよね。諦めなければ必ずチャンスがまた生まれてきます」

柔道選手
古賀稔彦
（1967〜2021）

兄から教わった一本背負い

バルセロナオリンピック、柔道71キロ級の金メダリスト、古賀稔彦《こがとしひこ》。切れ味鋭い一本背負いで次々と相手を投げ飛ばし、「平成の三四郎」と呼ばれた。

古賀は1967（昭和42）年に福岡県で生まれ、佐賀県で育つ。幼少の頃は身体が小さく、ぜんそく持ちでよく熱を出して寝込んでしまう子どもだった。

「病弱で軟弱で体の弱ーい子だったんですね。人前に出るのも恥ずかしい、人前で喋るのも顔が真っ赤になってしまうというような子どもだったんです。柔道を始めて人に初めて負けた瞬間、何とも言えない悔しさ（を味わった）。勝ちたいと思っていても、柔道は自分が強くないと勝てないんだ、ということを教えてもらえて。そこから一歩前に踏み出さないと、この悔しさは喜びに変わらないということを教えてもらった」

2歳年上の兄・元博と一緒に柔道を始めたのは小学1年生のとき。身体が大きくて丈夫だった元博と異なり、身体の小さな稔彦はまったく勝てなかった。だが、負けることの悔しさが稔彦の心に火をつけた。毎朝、兄とともに近所の神社の階段を7往復するなどトレーニングを重ね、やがて兄弟揃って全国大会に出場するほどに。

中学生になると、兄はかつて東京にあった柔道の私塾・講道学舎に入門するため上京する。2年後、稔彦も後を追うように親元を離れて上京。しかし、ここでも身体の小ささが災いし、身体の大きな相手にはどうしても勝てなかった。稔彦は兄に、兄が得意にしていた技・一本背負いを教えてほしいと懇願する。

「自分よりも大きな選手を自分より高い位置から、大きく円を、弧を描きながら投げていく姿、あまりの豪快さに憧れを感じました」

兄と弟の猛特訓が始まった。

「パッと教えるじゃないですか。『じゃあ、やってみろ!』。で、失敗するんです。そうすると、『そうじゃねーんだよ!』と言いながら、一本背負いで中学3年生の兄貴が中学1年生の私を畳に思いっきり投げるんです。で、だんだんと〝憧れていた兄貴の一本背負い〟から、〝早く覚えないと自分が危ない〟と危機感を持って努力しました」

五輪での挫折と再起

兄から叩き込まれた一本背負いで古賀は連戦連勝、やがて次代の日本柔道界を支えるホープとして注目されるようになる。高校3年のときには、大きな壁だった兄・元博と試合で対決し、腕ひしぎ十字固めで一本勝ち。無敵の強さを誇るようになった古賀は、小さな身体で相手を投げ飛ばす柔道のヒーロー・姿三四郎になぞらえて「平成の三四郎」と呼ばれるようになる。88年にはソウルオリンピックの代表選手に選ばれた。

絶対の自信を持って臨んだ初めてのオリンピック。しかし、日本柔道は苦戦が続き、次第に古賀の自信が揺らいでいく。選手に向けられた過度のプレッシャーも感じていた。

「負けたら俺たちどうなるんだろうってことも感じてました。試合で負けると、負けた人の評価が次のスポーツ新聞に出るわけです。日本柔道また負けたと。で、もうどうにもならない。その「どう」が金銀銅の「銅」なんですよ。銅メダルも取れなかったら、翌日の新聞は、もう銅にもならない、とか書いてある。負けたら新聞に載る。日本人全員見るよな……そういう悪いことばかり想像しました。本当は期待をされることが嬉しい選手だったんです。でも、オリンピックってこんなに違うんだな、それも期待をされている選手ほど、こんなにプレッシャーに感じてしまうんだなと」

不安と焦りを感じながら迎えた3回戦。相手は格下だったが長身で力の強い旧ソ連の選手。古賀の一本背負いは研究し尽くされ、完全に封じられた。まさかの惨敗だった。

「私の両親が応援に来てくれてました。その両親が観客席に向かって、結果を出せなかった息子の代わりにみんなに頭を下げてくれていた。もうそんなことをさせちゃいけない。次のオリンピックで、金メダルで恩返しをしようと決心をした瞬間でした」

雪辱を期した古賀は、自分の柔道を見つめ直した。まず、コーチに頼りきりにならず、トレーニングのメニューを自分で考えるようになった。海外の大きな選手と戦うためにウェイトトレーニングを積極的に導入し、技だけでなくパワーも身につけた。

「まわりには有名な先生がたくさんいたんだけど、そういった先生たちから、オリンピックに勝つためには、こんな練習をしなさいなど、いろんなアドバイスを受けました。じゃあ、先生から言われた通りにやっていれば、オリンピックで勝てるんだなって、そう思っちゃった。普段の練習で、自分で考えることがなかったから、いざオリンピックに出て試合をやるときに、この選手にどうやったら勝てるのかな、って考える力がなかった。

次のオリンピックのときにはもっと自主性を持って普段からやっていこうと」

戦い方も変えた。これまでは一本背負いという得意技を磨いて頂点を目指してきたが、巴《ともえ》投げ、大腰、小内刈りなどの技にも積極的に取り組むようになった。

「ソウルオリンピックまでは、自分の柔道の幅が本当に一つ二つ。この一つ二つで、ただガムシャラに戦っている。ですから、相手がそれにはまれば、すごくいい勝ち方をしましたけれども、それにはまらない選手もいるわけです。組み手にしても技にしても、幅を広げていこうと。１００人いたら１００人と戦える自分を準備しようと」

再起した古賀は89年と91年の世界選手権を連覇。重量級の相手とも積極的に試合を行って、力と技を磨きに磨いた。世界にひしめくライバルたちとの熾烈《しれつ》な戦いやプレッシャーも自分の力に変えることができるようになっていた。

「いざ世界の頂点に立ったとき、自分を追いかけてくるライバルたちが一気に見えるんです。そうすると今度は負けちゃいけないとか、あるいはライバルがこんなに俺のことを追ってきているんだと不安になっていった。そこでちょっと自分の気持ちを切り替えまして、もっともっと強い自分を見てみたい、俺の中にはどんな才能があるんだろう、という気持ちを持って。常にもう一歩進んだ新しい自分に挑戦をしようという自分に切り替えた。そうすると、こんな自分がいたんだ、あんな自分がいたんだ、という風に、挑戦することが楽しくなっていったんです」

怪我を乗り越えて

さらなる成長を遂げて世界を相手に勝てる柔道を身につけた古賀は、92年、バルセロナオリンピック日本選手団の主将としてバルセロナへと乗り込んだ。

しかし、思いもよらなかった苦難が古賀を襲う。講道学舎の後輩、吉田秀彦を相手にした練習中、大怪我を負ってしまったのだ。左膝の靭帯《じんたい》が伸び切って、歩くことはおろか立つことさえままならない状態に陥った。全治2か月の重傷、試合まではあと10日。コーチたちは棄権することも考えたが、古賀は揺らがなかった。

「『なんで、ここで怪我をするんだ』と一瞬思いましたけれど、（痛み止めの処置をして）ふと痛みが取れた次の瞬間に、『あ、でも、俺はこれでも勝てるんだ！』という自信がありました。やはりそれは、ソウルから自主性というものをもう一回自分に与えて、取り組んできて、何があっても、自分で考えて、自分で実行に移して結果を出していくことを考えながらやっていましたから」

試合までは練習もできず、さらに減量のため飲まず食わずの日々が続き、試合当日は歩くのがやっとだったが、心は落ち着いていた。それは古賀がこれまでの経験によって培ってきた心構えのおかげだった。

「私の場合、自分の経験上なんですけど、普段から何かがあったときに、『この場面、お前はどうするか』という風に問いかけるんです。『じゃあ、こうしよう』『ああしよう』っていう風に、上手くいかないことも上手くいくという訓練をしていくんですね。で、そういう癖をつけておくと、何かアクシデントがあったにしても、何だよ、って思わない。『さあこの場面、どうする？』っていう風に、冷静に今の自分を立て直す方向性に持っていける。そういう準備をしてたんです」

「みんな順調にいって当たり前というイメージを持ちたがる。上手くいくことは当たり前ではないんだと。上手くいかないことも当たり前だと思ってやっているんです」

痛み止めの注射を6本も打って、試合に臨んだ。大怪我を負っていても臆することなく一本を取りにいく。

「怪我をした中で、いかに金メダルをとるか、ということしか頭にありませんでした。

膝を怪我しているから背負い投げを控えようかなとか、そんなのは一切なかった」

初戦（2回戦）はわずか20秒、巴投げを決めて一本勝ち。3回戦は小内巻き込みで技あり、4回戦は優勢で勝利した。このとき、すでに身体は悲鳴を上げていた。

「自分の体力の限界も感じていましたから、あとはもうテクニックなり、自分の気迫なりを最後の最後まで出し切るという形で。体力的にはキツかったですけれども、（4回戦の相手）ブラハ戦は最後の最後まで攻めきる気持ちを持って戦っていました」

さらに痛み止めの注射を打って臨んだ準決勝は、優勝候補相手に一本背負いで果敢に攻め込んで一本勝ち。攻めの姿勢を貫いた。ついに迎えた決勝。だが、身体はすでに限界を超えていた。古賀を支えたのは気力、そしてソウルオリンピックで客席に頭を下げていた両親への思いだった。

「もう体も膝もだめ。で、減量もあって体力もない。でも、両親に恩返しをしよう。今度は両親が喜んでいる姿、それを自分も見たい。終わるブザーが鳴るまで攻め切れた」

決勝では判定で勝利を収めて、見事金メダル。古賀は雄叫びを上げ、吉田秀彦は憚《はばか》ることなく涙を流した。古賀の勝利は「バルセロナの奇跡」と称えられた。

「全然覚えてないんです。余計なこともまったく考えてなかったですし。怪我があったからこそ勝負と向き合えた自分がいました」

やり尽くした充足感

1年のブランクの後、競技生活に復帰し、96年のアトランタオリンピックでの連覇を目指した。体力の限界を感じつつ決勝まで勝ち抜いたが、最後に落とし穴が待っていた。ポイントで優位に立ったとき、守りに入って心に隙が生まれたのだ。

「『この決勝、楽だな』っていう感情を持ってしまったんですよね。残り時間、上手い具合に試合を運んでいけば、ポイント上自分の勝ちになる。どっちにしろ、俺が金メダルを取るのは一緒だなって思っちゃった。勝負師としてはずるい考えをそこで持ってしまった」

警告を与えられ、結果は判定負け。銀メダルだった。

「終わってから、涙がガーッて出てきて。自分に対する悔し涙だったんです。あと十何秒頑張っていれば俺のポイント勝ちだったとか、一回勝っている選手に負けたから悔しいとか、そんなんじゃなくて、試合の途中で本当に勝負の基本である、自分の中にいるもう一人の自分に負けてしまった。それが一番悔しかった」

負けたまま終わるわけにはいかない。自分の期待に背いた自分を許すわけにもいかない。満身創痍《そうい》だった古賀は、引退が当然という声を振り切ってシドニーオリンピックを目指した。しかし、練習では20代前半の選手に攻め込まれることも多くなっていた。

2000年4月、オリンピック出場をかけた最後の大会。古賀は攻め続けたが、結果は初戦敗退。シドニーへの道は途絶え、ついに現役引退を決意する。32歳だった。

「腹いっぱい競技者ができたな。もうこれ以上、競技者というものを自分の中に吸収できないくらいまで、自分の中では充実感、満足感がありますので」

現役引退後は全日本女子強化コーチに就任し、後進の育成に努めた。04年のアテネオリンピックでは、教え子である谷本歩実《あゆみ》がオール一本勝ちで金メダルを獲得。古賀と谷本は歓喜の抱擁を交わした。

35歳のときに自らの道場「古賀塾」を設立し、子どもたちに柔道を伝えた。大切にした教えは、「強い人より優しい人になりなさい」。これは古賀の口癖でもあったという。

古賀は大切な試合で負けたこと、苦しみ抜いたこと、納得のいくまで足掻《あが》いたことが、指導者としての自分の糧になったと語っている。指導者としても慕われた「平成の三四郎」は、柔道を通して次世代に多くのことを伝えていた。53年の生涯だった。

「勝って終わっていたら、負けた人間や一回頂点から落ちた人間の気持ちを理解できないコーチになっていたと思うんです」

「その時代、その時代に乗っかった形で正義を考え、悪を考えてしまうと怖い」

劇画家
さいとう・たかを
（1936〜2021）

学校教育に対する不信

寡黙なスナイパーが活躍する『ゴルゴ13』で知られる劇画家、さいとう・たかを。大人の鑑賞に堪えうる漫画づくりを目指し、「劇画」というジャンルを確立した。

『ゴルゴ13』は1968年に連載が開始されて以来、半世紀以上にわたって連載が続いた。単行本は200巻を超え、最も発行巻数が多い単一漫画シリーズとしてギネス世界記録に認定されている。

「それまでの漫画界というのは、笑いとか風刺の世界でした。それが完全にドラマを描くという指向で私は（漫画界に）入って来ました。元々すごい映画マニアでしたから、それを画面に描こうという形でした」

さいとうは1936（昭和11）年、5人兄弟の末っ子として和歌山県に生まれ、生後まもなく大阪に転居した。子どもの頃から、物事を深く考えることが多かったという。それゆえ学校に馴染めなかった。

「『1＋1はなんで2や』って訊いたんです。そしたら上の兄がモノも言わんと殴りました。それ以来、訊くことはなかった。それがあくまで人間の考えた便宜上だと気がつくまで、6年生頃までかかったんじゃないですか。そんなことを考えてたから、結局九九を覚えられなかったという。九九、覚えてないんです。

みんなそれぞれ違う脳味噌で考えているでしょ。能力も違うわけですね。自分はそう思わなくても、教育というのはそういうものだと教えるでしょ。だからついていけないんです。完全にはみ出しもんでしたね」

「子どもの頃に、学校教育に従わず、勉強しなかったんです。学校教育が解せなかったんですね。教えるということは、どうやって考えるか、考え方を教えるべきでしょ。それをもう丸暗記でしょ。『そんなの教育でも何でもない』と。試験のときも全部白紙で出したんです」

終戦を迎えたのは8歳のとき。世の中の価値観が揺らぐ中で、社会や周囲への不信を募らせていった。

「考えてたら、もう大人のすることなすことが、みんな矛盾だらけ。戦争自体もそうでした。『鬼畜米英』って、鬼だ畜生だっていうわけでしょ、相手のこと。まったく勝手な解釈ですわね。そういう大人の行為に疑問を感じ出した、人間不信に陥ったんです」

「3べんぐらいは人間やめたろうかなと思った」

紙で映画がつくれる

学校教育に適応しようとしないさいとうは、地元で悪童として恐れられ、教師にも避けられるようになる。しかし、中学2年のとき、人生の師とも言うべき教師と出会う。

「中学校のときの先生なんですけど、東郷先生とおっしゃって、この東郷先生の名前が『ゴルゴ13』のデューク東郷なんですわ」

学校教育をまったく信用していなかったさいとうは、中学の中間試験でいつものように白紙で答案を出した。すると、東郷先生が白紙の答案を持って席までやってきた。『あっ、これはまた説教されるな』と思ったんです。しかし、先生は答案用紙を手前に置いて『これを白紙で出すのは、君の責任の下に出すんだからそれはかまわん。しかし、君の責任の下に出すんだから名前を書け』と言われたんです。

このときまで人間の矛盾みたいなものにものすごく悩んでまして。(先生の)その一言が『あっ、人間の約束事というのはそういうことか』『社会性とはそういうことか』ということを、そのときにすごく思い知らされました。責任を取るということをね」

それまで反社会的だったさいとうは、このときの教えで「社会の中の自分」について深く考えるようになったという。

東郷先生からは「何か一つのことに熱中しろ」というアドバイスも受けていた。さいとうが興味を持っていたのは、映画と絵を描くこと。さいとうの運命を変えたのは、当時、多くの子どもたちを漫画の道に進ませた革命的な一冊だった。

「別に漫画が好きだったわけじゃないんです。絵を描くのは好きでしたけどね。私、ものすごい映画マニアだったんです。できれば映画の世界に入りたかった。ところが、あの頃、映画の世界っていうのは大学出でないと採らなかった。中学3年のとき、手塚（治虫）先生の『新寶島《たからじま》』を見て『あっ！ 紙で映画みたいなもん、こしらえられる』と。そのとき、鳥肌が立ちました。『これしかない！』と思ったんです」

もともと絵を描くのが得意で、中学時代は漫画好きの友人の影響もあって漫画のような絵も描くようになっていたが、笑いと風刺がメインだった旧来の漫画の世界には興味が持てなかった。そこに現れたのが、映画的な手法を存分に駆使した手塚治虫の『新寶島』だ。衝撃を受けたさいとうは、家業の理髪店で働きながら漫画を描き始める。

女手一つで理髪店を営んで5人の子を育てた母は、さいとうに理髪店を継がせるつもりでいた。漫画家という職業を忌み嫌い、さいとうが漫画家になることに泣いて反対していた。しかし、母はさいとうが18歳のときに亡くなってしまう。

「とにかく不器用に生きようと決心しまして。何か一つのことに執着しようと。でなきゃモノにならないだろうと思いましたんでね。だから、この仕事に入ろうと決心したとき、理髪店をやめて店を叩き売ってしまいまして。18（歳）のとき、（漫画家になることに）大反対していた母親が死んだもんで、『そら、今だ』と。もう二度と他のことはしまい、この仕事だけをやろう、たとえ野垂れ死にしてでもこの仕事をやろうと決めました」

大人も読める漫画『ゴルゴ13』連載へ

漫画家デビューは19歳のとき、貸本漫画の『空気男爵』という作品だった。手塚治虫やディズニーの影響を受けた、柔らかで丸っこいタッチの絵だった。

「（18歳の頃の絵は）可愛い絵ですね。これね、『そういう絵でなければダメだ』ということで」

「一生懸命そういう絵を描こうと努力してました。（中略）少年ものをやっている限りは可愛い絵で良かったんでしょうけれど、私はこの世界を絶対、青年まで読めるものにしたかった。そこまでに行くにはどんな絵がいいかという悩みでした」

映画のような漫画を描きたい。ストーリーのある漫画を描きたい。子どもだけでなく大人も読める漫画を描きたい。大切にしたのは、徹底的なリアリティーの追求だった。さいとうは、荒々しいタッチで重厚なストーリーを紡ぐ、「劇画」というスタイルをつくり出す。

1960年にさいとう・プロダクションを設立。脚本から作画までを一人ですべてを担うのが常識だった漫画の世界に分業制を導入した。

「私はこの仕事に入った最初のときから、これは一人でやる仕事じゃないと考えたの。たとえば、ものすごく絵が上手いのに消えていった人、それからすごくドラマがうまいのに消えていった人（がいた）。これはこの仕事にとってものすごくマイナスだなと思ったの。だって、その絵の上手い人とドラマの上手い人が一緒にやれば、少なくとも絵の上手さとドラマの上手さというのはくっつくわけだろう。絶対それは捨てておくべきじゃないと思った。またそうしなきゃいけない仕事だと思った。

ほとんど映画づくりと同じです。私は最初からこの仕事はそうだと思ってましたから」

「（私の役割は）映画でいえば、監督兼脚本兼主演ですか」

武器や乗り物、風景などの対象ごとに作画を分担した。海外から写真を取り寄せて街並みを忠実に再現するなど、本物にこだわり抜いた。1968年、さいとうの代表作『ゴルゴ13』の連載が始まる。国籍不明のスナイパー・ゴルゴ13が世界を舞台に活躍する骨太のストーリーは、それまでの漫画とは一線を画す「劇画ブーム」を巻き起こす。ゴルゴ13の本名、デューク東郷は前述のように、かつての恩師から採ったものだ。

「なにしろ荒唐無稽な主人公でしょ。その人物がもし現実にいたとしたら、おそらく1か月生きていられないだろうという人物ですから。それだけに背景をリアルに見せなければ成り立たない。

ですから、相当調べています。もちろん、ウソばっかり描いてますけど、調べてリアルな風景というんですか、それをつくり上げることで主人公を何とか現実の場にいさせていられるという、そういう作品ですね」

物事を原点から見ようとする

緻密な絵だけでなく、最新の世界情勢や時事問題を取り入れたストーリーのリアリティーにも徹底的にこだわった。そのため、さいとうは脚本家を育成し、世界情勢をリサーチさせた上でストーリーに反映させた。

連載初期は東西冷戦のまっただ中だったため、東西の対立がゴルゴの活躍の舞台となったが、東西冷戦が終結したときは、作品で取り上げるようなドラマがなくなるのではないかと危惧された。だが、さいとうは逆だと考えていた。

「これ（東西の壁）がとっ外されるということは、恐らく世界中でいろんな問題が噴き上がるはずだと。食糧問題にしても、宗教問題にしても、人種問題にしても。そうなったら、もう混沌としてくる時代だと。むしろこの主人公にとって活躍の場がすごく生まれてくる、と言いました」

脚本には各分野で専門知識を持つ外部の人材も登用したため、未来を予見するようなストーリーもたびたび生み出した。現役の銀行マンが手がけたエピソード「BEST BANK」

（93年）は、大手銀行の合併を描いたものだ。3年後、それが現実のものとなって周囲を驚かせた。クルーズ船でのウイルスの集団感染が描かれた「病原体・レベル4」（95年）が発表されたのは、新型コロナウイルスのパンデミックが起こる25年も前のことだ。ドローン兵器の開発が進み、世界に拡散していく現実にも「ドローン革命」（15年）で警鐘を鳴らした。

外部の人材も登用されていたが、そこには間違いなくさいとうの持っていた「未来を見通す目」があった。それゆえ、『ゴルゴ13』は従来の漫画ファンのみならず、ビジネスマンや政治家にも支持される作品になった。

「機械の戦争になってきたら、もうまさに破滅でしょうね。もし戦争ばかりに（ロボットなどが）活用されてしまったら、それを突き詰めて人間が全滅するまでになるでしょうね。こんなことしていたらどうしようもないぞという。もうそろそろ気が付いてもいいと思うんです」

ゴルゴの生き方には、さいとうの人生観が色濃く反映されている。

「いまだに私はものを原点から見ようとする目を失ってないね。作品は常にそうなの。『ゴルゴ13』のことを、よくニヒルな主人公、ニヒルな殺し屋を描いて云々と評価されるけども、そんなことで描いているんじゃないの。

要するに人間の正義とか悪とかいうものを　ある意味で告発しているつもりなの。なぜかというと、常に人間は善とか悪とかいうものを自分の都合で考えるのね。自分に都合がよければ善と呼ぶし、都合が悪かったら悪と呼ぶ。だから、彼が取っている行動が東側に対して利益があれば東側にとって英雄なわけ。西側にとって害をなせば、西側にとってそれは悪なわけね。そういう狭間でもし人間が生きたら、どんな生き方をしなきゃいけないかというのがテーマなわけ」

「結局、彼（ゴルゴ）の場合、自分の中に約束事を持っていたわけです。つまり、正義と悪というのはご都合主義でしょ。『その国、その社会に都合のいいことを善と言い、悪と呼ぶ』と。それとももし関係のないところに立っていたらどうするか、自分でそれ（約束事）を持つしかないわけです」

ゴルゴは依頼を受ければ顔色一つ変えずに人を殺す。しかし、依頼と関係なければ、アリ一匹でも踏まずにまたぐことがある――さいとうはゴルゴの人間性をこう説明する。そこには、さいとうが考え続けてきた「人間の矛盾」と「人間の根源」がぶつけられていた。だからこそ、世界がどう変わろうともゴルゴはそこに立っていることができたし、ゴルゴに多くの人が惹きつけられてきたのだろう。
劇画というスタイルを用いて、人間をリアルに描き、人間の根源に迫ろうとした84年の生涯だった。

「普遍的な『人間の根源』みたいなもの。そこからドラマを考える。『ゴルゴ13』もその時代の善悪とか、その時代の解釈で描かなかったから、何とか保ってこられたんじゃないかな」

「本当に戦争にかかわるのはよそう。
戦争を手伝うのもよそう。
どっかの戦争を支持するのもよそう」

作詞家・放送作家
永 六輔
（1933〜2016）

人生を決定づけた体験

坂本九の「上を向いて歩こう」と「見上げてごらん夜の星を」、梓《あずさ》みちよの「こんにちは赤ちゃん」、ジェリー藤尾の「遠くへ行きたい」など、世代を超えて愛される歌を数多く作詞した永六輔《えいろくすけ》。日本のテレビ草創期から放送作家の先駆者として活躍し、くすっと心和む人気番組の数々を世に送り出した。ラジオの長寿番組のパーソナリティを務め、CMにも登場し、膨大な数の著書を残している。まさにマルチな才能の持ち主だった。

永の作品に貫かれていたのは、権力におもねることなく、小さくても確かな幸せを大切にする気持ち。そして反戦への思いだった。そのことを自らの言葉で語った番組がある。65歳のときに出演したものだ。

「小学校時代、当時は国民学校でしたけれども、その当時に自分が戦争をどう感じたのかということを一生懸命思い起こして、どう辛かったか、どう寂しかったか、どう虚しかったか、ということを伝えていきたいと思います。今、改めて『嫌だ』という思いで伝えていかないと、どこかこの国には戦争をしてもいいというような雰囲気が流れはじめている。それがとても怖いと思います」

永が終戦を迎えたのは12歳のとき。疎開先の長野から実家のお寺があった東京・浅草に戻ると、一面は焼け野原で生家は跡形もなくなっていた。何もないところからの再出発だった。食べるものも満足になかったこの時代の体験が、永の人生観を決定づけた。

「歴史の先生になろうと思っていました。どういうことかというと、戦争が終わったときに、今までの日本の歴史は間違っていたんだということを（知った）。

子ども心に、なんで大人は間違ったことを教えるんだ。日本は神の国で、負けなくて、神風が吹いて、鬼畜米英はやっつけて、っていうので育ってきちゃいましたから。それがひっくり返ったわけですから」

世の中への不信感が拭えない中、あるラジオ番組に夢中になる。NHK『日曜娯楽版』。歌と歌の間に風刺を含めたコントを挿入して人気を博していた。早稲田中学の学生だった永は番組にコントのネタを投稿するようになる。

「いろんなアルバイトをしました。いろんなアルバイトの中にNHK『日曜娯楽版』に投稿するというのがあって」

「今でいう風刺番組でした。（当時）吉田茂さんが首相でね、もうババババッて番組で

（彼を）やっつけちゃう。あっ、やっつけちゃうなんて。ハハハハハ」

政治や社会の矛盾を正面から批判するのではなく、笑いの力を使って風刺する手法に、戦後の新しい民主主義の風を感じていた。永は『日曜娯楽版』に楽曲やコントを提供していた作曲家の三木鶏郎《とりろう》にスカウトされて放送の世界へ飛び込む。

「まだ中学生で、コントを書いて投稿すると、それがわりあい通って放送されるわけです。それでNHKの方から『こちら側に来て、投稿じゃなくて放送台本をつくりませんか』って言われて、早稲田中学の2年生のときに初めてNHKに」

安保闘争の挫折が「上を向いて歩こう」を生んだ

初期の頃に手がけたテレビ番組、NHK『夢であいましょう』（61年）は、黒柳徹子、渥美清、ジュリー藤尾ら、売り出し中の若いタレントや役者、歌手たちによるコントや歌で構成されたバラエティ番組だった。誰もが等しく主役になれ、誰もがみんなを幸せにできる。キャスティングには、そんな永の狙いが込められており、この番組から無名だった若手タレントたちが国民的タレントへと羽ばたいていった。

特に注目を集めたのは、毎月1曲、番組オリジナルの曲をつくる「今月の歌」というコーナー。永が作詞、中村八大《はちだい》が作曲を手がけた。ここから「上を向いて歩こう」、「遠くへ行きたい」、「こんにちは赤ちゃん」などの名曲が生まれていった。

「テレビの中、ラジオの中に出てくる歌というのは、かつてあったものをヒットソングとして歌手が歌っているわけで、そこでつくったものを歌っていないわけです。テレビ発の歌をつくってみたいというのがまずありましたね。ディレクターも（中村）八大さんもとてもそこには力を入れていて、おかげさまで僕は毎月歌をつくるチャンスに恵まれたんです」

「あの方（中村八大さん）は天才肌ですね。で、僕は天才です。ハハハハハ。冗談ですよ」

中村は永にとって早稲田大学の先輩にあたる。人気のジャズマンだったが、ジャズの人気が下降して作曲家として再起を図っていた。あるとき、中村に映画の挿入歌の歌詞を頼まれた永は、作詞未経験にもかかわらず一晩で10曲を書き上げた。

「『君は詞が書けるか』って言われて。で、書けないのに『書けます』って言ったんです。で、どうしようかと思ったけど、もう書かざるを得ないので。『今から俺が10曲つくるから、10の歌詞をつくれ』と言われて、本当に脂汗をしぼるようにつくったんです」

10曲の中の1曲、水原弘が歌った「黒い花びら」（59年）が大ヒットして第1回日本レコード大賞を受賞。その後、スタートした『夢であいましょう』で二人のコンビによる「今月の歌」が始まることになった。

なかでも最大のヒット曲になったのが「上を向いて歩こう」だ。1961年に発売されると爆発的売り上げを記録。63年にはアメリカで「SUKIYAKI」として発売され、ビルボードのチャートで3週連続1位となった。

「上を向いて歩こう　涙がこぼれないように」——この歌詞にも、永の強いメッセージが込められている。60年の安保闘争。敗戦の傷もまだ癒えないうちに、戦争のにおいが立ち込めていた。日米安全保障条約に反対する多くの若者がデモに参加したものの、強大な権力を前に跳ね返されて、やがて運動は収束していく。

永も運動に身を投じた若者の一人だった。人気番組『光子の窓』（58年）の構成を担当していたが、安保デモに参加するため降板している。それぐらい入れ込んでいた。

「デモに参加したり、市民運動に参加したりした後、本当に無残な気持ちで歩いて家へ帰るということを繰り返していました。そのぐらい権力っていうものや、暴力っていうものがのしかかってきたんです。（中略）で、まさに泣いてなんかいられないけど、泣かずにはいられないっていう」

「泣きながら歩く　一人ぼっちの夜」――永は安保闘争の敗北で大きな挫折を味わっていた。絶望の中で、人は希望を見つけられるだろうか。永はそんな思いを歌詞に託した。

人々の声に耳を傾ける

70年代に入ってからは、日本の文化とは何かを追求して掘り下げる活動を行った。江戸時代の文化・風俗に詳しく、再評価を進めたり、日本語の語彙や意味を説いたりすることも多かった。それが結実したのが、構成を手がけたＮＨＫ『ばらえてい　テレビファソラシド』(79年～82年)。テレビから離れていた永が、久々に自らアシスタントとして出演するほど力の入った番組だった。

多彩な活動を行ってきた永だが、放送人として生涯欠かさなかったことがある。それは全国津々浦々を訪ね、立ち止まって人々の声に耳を傾けることだった。そのなかで、メートル法の施行によって日本古来の尺貫法《しゃっかんほう》が禁止されて困っている職人たちの声を代弁する形で運動を起こし、尺貫法復権にまで漕ぎ着けたことも。

「『ちょっと永さん、こういうことがあるんですけれど聞いて下さい』というのは、障害者関係の問題でも、今でいうと高齢者の問題でも、それはおっしゃって下さい、と。我々放送に出ている人間が唯一しなくちゃいけないことは、そういう声を集めて来ること」

こうした考えの背景には、大学の恩師・宮本常一《つねいち》の言葉があった。宮本は1930年代から81年に亡くなるまで、日本各地をフィールドワークし続けた民俗学者だ。1200軒以上の民家に宿泊したと言われている。

「宮本常一さんという僕のとても大事な先生がいらして、もう亡くなりましたけど、『永君、君が放送の世界に入るんだったら、電波はどこへも飛んでっているんだ。飛んでってる先に行きなさい。先に行って、そこで人の話を聞いたり、自分の話したことで相手が納得したら、それを持ってスタジオに帰っておいで。絶対スタジオでものを考えて、スタジオでものを言うな』って。耳が痛いでしょ?」

宮本の言葉をきっかけに全国を旅するようになり、その後、永が全国を旅して地元の人々と言葉を交わす番組『六輔さすらいの旅　遠くへ行きたい』（70年）も始まった。いつも自分一人で地方に出かけ、方言を聞き、地元の人の言葉に耳を傾けながら地元のものを食した。

「だいたい土曜日を目指して東京に戻って来るという。生放送をラジオでやっているんです。放送日までに戻って来るというのが普通で、あとはだいたい旅暮らしです」

地方で見てきたもの、聞いてきたものをラジオで話題にした。その中から全国にいる名もなき庶民の「老い」「病い」「死」についてのつぶやきを集めた新書『大往生』は、累計200万部を超えるベストセラーになった。

「僕、寺生まれ、寺育ちでしょ。で、避けようがないじゃないですか。年老いることと病気と死ぬってこと。あなたも避けられないですよね。避けられない以上はニッコリ笑って受け止めるべきだと父がよく言っていたんです。僕はそのとおり受け継いで、年老いること、たとえば病に苦しむこと、それから死ななければいけないこと、それを笑って過ごしたい人たちのエピソードをたくさん集めたんです」

テレビやラジオでは流暢で滑らかな話しぶりが特徴だった。話し上手になるコツを問われると、そのコツを一言で言い表した。

「一言で言います。聞き上手になることです。話を上手に聞ける方は上手になります」

2010年にパーキンソン病であることを公表。「僕はパーキンソン病のキーパーソン」と笑い飛ばした。ラジオへの出演は16年2月まで続け、その年の7月7日に逝去した。83

歳だった。最後まで信念を曲げず、放送の現場に立ち続けた永六輔。その源には、反権力、反戦への強い思いがあった。永はマルチな活動を通して、さまざまな文化を遺していった。この遺産は次の世代に託されている。

「昭和ヒトケタは子どもとして戦争を受け止めたんだから、その今の子どもたちに戦争体験を語り伝えていこう。いかに恐ろしかったかということを伝えていこう」

「結局、教育によって
国というのは立つんです。
経済によっては立たないんです」

半藤一利　作家
（1930～2021）

世の中に「絶対」はない

大著でありベストセラーでもある『昭和史』で知られる作家・半藤一利《はんどうかずとし》。自らの戦争体験を原点に、戦争の悲惨さと愚かさを訴え続けてきた。「歴史探偵」を名乗り、数多くのノンフィクション作品で、戦中戦後の知られざる歴史的事実を掘り起こした。

「昭和史というだけで、ものすごい教訓に満ちているんです。ですから、それを私たちがちゃんと読んで、知って、そしてそこからきちっとした教訓を選び出して摑み取ってこないと、この国は目標を失ったまま、どこに行っちゃうのかわからないという状態がますます続くのではないかと思います」

半藤は1930（昭和5）年、東京の下町・向島《むこうじま》に生まれた。14歳のとき、アメリカ軍のB29による東京大空襲を経験する。

「飛び起きましたときには、表へ出たら深川のほう、南のほうが一面火の海、東のほうも火の海。火がもうガンガン押してくるわけです。火のないほうへと逃げていきますと、向こうから逃げてくる人が『向こうはダメだ』と。向こうは火の海だと言うんです」

「(逃げたときは) 一人でした(中略)。中川という川が流れております。平井橋という橋がある。そこまで行ったときはだいぶ火のほうが遅くなって、だからここで助かるだろうと思って、たくさんの人がそこに集まりました。午前3時ぐらいですか。大丈夫と思っていたが、とんでもない。バァーッと火がまた、あっという間に被ってきまして。(中略)川に飛び込めない、さりとてどうしようもない女の方なんかが赤ちゃんを抱いてうずくまってるんです。『飛び込め！ 飛び込め！』と怒鳴ってるんですが、飛び込めないんですね。で、火がバァーッと被る。ファーッと炭俵が燃えるように人間の体が燃えました。女の方は特に髪の毛がバァーッと燃えるんですね」

九死に一生を得た翌朝、一面の焼け野原に立ち、肝に銘じたことがあった。

「一つだけ、今でも覚えているのは、もうこれからの世の中、自分の生きている間じゅうは『絶対』という言葉は使わないぞ、と。世の中に絶対なんてない。『絶対に自分の家は焼けない』とか『絶対に人を殺さない』とか『絶対に日本は勝つ』とか、それから『絶対に火を消せる』とか。そういう『絶対』がまわりに山ほどあったわけです、あの当時。そういうのは嘘だ、と」

「歴史探偵」誕生

終戦後は東京大学へ進学。ボート部で活躍した。ボート部の縁で知り合った作家の高見順からの紹介で、東大卒業後は文藝春秋新社（後の文藝春秋）の編集者となった。

若手編集者の頃は、原稿を受け取るために訪ねた作家の坂口安吾につかまり、群馬県桐生にあった安吾の屋敷に1週間も泊まり込みをしながら酒の相手をさせられたことがあった。ここで半藤は安吾に「歴史探偵」術を叩き込まれることになる。

「毎日、ぶん殴られるように面白い話を聞かせてくれまして。特に安吾さんは古代史と戦国時代に興味があったみたいで。古代史の話でいうと『〈古事記〉と〈日本書紀〉読んでるか？』『読んでます』『あれは信じてるか』『信じてます』『あんなもん信じちゃダメだ』と始まるんです。言うこと言うこと全部、初めは眉唾だと思ってたんですよ。そうでなくて、かなり実証的に教えてくれましたね。それで本当にガッツーンと頭を殴られて」

「それで『探偵の眼を開かなきゃ、歴史も社会もお前がこれからやろうとしている雑誌の編集は務まらんのだ』と。目の前にあるものを全部そのまま素直にああ、そうかと思ってたんじゃ、何の発想の転換もない。だから僕に探偵眼を開け、という話なんです。本当にすっかり安吾探偵術を自分なりに学びまして、今、私、歴史探偵と名乗ってる。つまり、安吾さんの弟子だから」

「たとえば、『大化の改新』ということが歴史にあると、あれは〝正史〟以外の文献をよく読むとクーデターなんだと。あのときに蘇我天皇というのが飛鳥にいた、その蘇我天皇の権勢を倒すために中大兄皇子《なかのおおえのおうじ》と藤原鎌足がやったクーデターなんだ。こういう見方をしなくちゃいけない、と具体的に教えてくれるんです。歴史というのは、文献と文献の間に何かおかしいものが必ずある。そこでしっかりと推理して、探偵をする必要があるんだということを丁寧に教えてくれました」

安吾に教えられたのは、これまでの歴史で「絶対」とされていることを疑い、文献を読み込んで、文献と文献の間にある何かを推理することだった。そこで何かが隠されていると感じれば、実際に調査して分析し、さらに推理を加える。そうすることで間違いのない事実を掘り出すことができる。

「歴史探偵」として手がけた代表作は、敗戦の日を描いた『日本のいちばん長い日』である。文藝春秋の編集者時代、まだ存命だった軍人や政治家など28人（30人に声をかけて2

人欠席）を集めて座談会を開催。それぞれがどこにいて何をしていたのかを振り返ってもらい、さらに追加取材をして出版された。降伏か戦争続行か、8月14日から終戦を告げる玉音放送までの24時間に何があったのかを詳細に解き明かした本書はベストセラーとなり、岡本喜八監督による映画も大ヒットを記録した。

「戦争を起こすのは簡単です。しかし、これを止めるということは、もうとんでもない大事業だと。並大抵なことでは戦争は終わりませんから。

歴史そのものは人間がやってることなんです。人間がやっている限り、また同じようなことをやるに違いない。それが歴史です。ですから、歴史に学ぶことは、人間はいざというとき、こういうときにはどういう判断をするのかということを、きちんと学ぶためのものとして非常に良いことなんです」

武力で守れない国、日本

1995年に文藝春秋を退職。本格的に作家活動を開始する。『ノモンハンの夏』では、太平洋戦争開戦の2年前、日本陸軍が初めて大敗を喫したソ連軍との戦闘、「ノモンハン事件」の真相に迫った。

「このとき、もし日本陸軍が完敗を正しく認めて、正しく分析して、反省をして、そしてどうすべきかと本気で考えたなら、太平洋戦争への道はあんなにあっさりと行かなかったと思います。（中略）これは日本人の通弊でしょう。秀才どもが組織をつくりますと、何か不思議にみんなが同じ論理と同じ心情で動き出す。どんどん盛り上がっていっちゃう。ですから、現実という本当のリアリズムを無視して、何か自分たちの思った空想の世界の根拠なき確信と言いますか、それで『大丈夫』と進んで行っちゃうわけです」

戦争への道を突き進んでしまった日本だが、引き返すチャンスは何度もあったと半藤は指摘する。

「満州に日本が傀儡《かいらい》政権をつくったことに、国際連盟が反対をして『日本軍は満州から撤退。いっぺん下がれ』と勧告をするわけです。そこで日本が取った選択は、国際連盟から脱退すると。『世界を相手にしない』、『俺たちは俺たちの道を行く』と言って脱退するというものでした。

いろんな局面で選択を迫られたときに、昭和史というのは、本当に次から次へと間違った選択をしたと思います。

上に立つ政治家が誤っただけではないんです。むしろマスコミの方が、当時の新聞ですね、『脱退せよ!』と煽っている。それでまた国民が煽られて『国際連盟なにするものぞ』『栄光ある孤立だ。我が道を行く』と皆、熱狂するわけです。日本は、国際社会の中でどの道が一番正しいかをみんなしてよく考えるということをせずに、次から次に強硬路線を取って選択を誤った結果、世界中を相手に戦争をするという形になったんだと思います」

歴史から正しい教訓を学ばなければ、この国の未来は危うい。そう考える半藤は、若い世代の実態に愕然とする。

「ある女子大で講義をやったとき、生徒が50人程いたんですが、昭和の時代に日本は戦争していたと。そのとき、日本と戦争をしていなかった国に次の中から丸を付けて下さい。Aアメリカ、Bドイツ、Cカナダ、Dオーストラリア、そういうふうに四つあげたんです。それで答えてもらいましたら、あ然としたというか、アメリカを日本と戦争していない国として丸を付けた人が十数人いたんです。本当にビックリした。ここまで日本の歴史を、自分たちの生きている時代をまったく知らない人たちが育って来たのかと」

半藤は歴史を学ぶことの大切さを伝えたいと、わかりやすい講義形式で『昭和史』を語り下ろした。自らの戦争体験とともに、歴史を学ぶことと平和を守ること、そして憲法9

条を守ることの大切さを説き続けた。

「日本というのは、守れない国なんです。この国は、北海道から沖縄の方まで、すごい（長大な）海岸線です。この海岸線の長さというのは世界で6番目です。私たち国民は岸辺にだけ住んでいる。こんなに奥行のない、どこにも逃げようのない海岸線に住んでいる民族というのはないんです。（中略）

原発が全部海岸線にある。54基もある。これをどうするんですか。狙われたら防げません。しかも放射線が一気に出てきます。（中略）

この国は武力なんかで守れないんです。明治、大正、昭和、守ろうと思うから外へ出て行った。今のように武力によって国を守れると考えている人が多くなっているというのは、何も知らないから。防衛力を強化する必要はまったくありません。私たちのリアリズムでは、この国は守れないんだから、外交力とか文化力を発揮して、何とかこれを戦争にもって行かないようにしなければダメなんだということを、きちっと認識しなきゃいけない。（だから）外交の力というのが一番大事なんです」

「（憲法）9条を持って戦争を70年間しなかった。そのことによって得ている日本人に対する信頼と、70年間かかってずっと一生懸命やって来ているその信頼の方が、よっぽど国益だと思う」

平和国家であり続けるために

原子力にも警鐘を鳴らし続けた。2011年、東日本大震災が発生。福島第一原発は地震と津波で全電源を喪失し、メルトダウンが起きた。そうした事態を想定する必要はないとして原発事業を推進してきた国の姿勢に、戦時中の無責任な指導者たちの姿が重なって見えたという。

「原子力神話という言葉がありますけれど、まさに神話というのは考えようによっては底知れない無責任という言葉の代名詞だと思いますし、もう一つ言えば、あまりに自分たちが高ぶった考え方と言いますか。殻の中に集まったエリートの人たちというのは、自分たちの世界でしか通用しない考え方で、あらゆることを計画し、遂行していくんです。

今までのあんた方が考えているような楽観的なものの見方、考え方でこの日本の国の平安と無事、繁栄を維持していけるんですか？　ということを突きつけられたと思うんです」

戦後、日本は廃墟から復興を遂げて繁栄を手にしたが、また戦前と同じ過ちを犯しているのではないかと危惧する半藤は、若い世代に新たな目標を持ってほしいと語りかける。

「やっぱり、みんなして国家というものをどういう形にこれから持っていくのかということをとにかく考えて。みんなでです。年寄りの私たちは入れなくてもいいから。国家目標というものをもういっぺん、自分たちできちっと立てなきゃダメです。政府に任せとけば、なんて思っていますとダメです。国民がみんなして、どういう国をこれからつくっていくのかということを本気になって考えなきゃダメだと思うんです」

晩年に手がけた子ども向けの絵本『焼けあとのちかい』。焼け跡の中で信じないと決めた「絶対」という言葉を使って、日本の未来を担う子どもたちにメッセージを送った。

「戦争だけは絶対にはじめてはいけない」と。

「平和国家であるという日本は、70年間とにかく戦争して人を殺したこともないし、その民族が今こそ、ちゃんと発言すべきなんです。『戦争は良くない』ということだけでもいいですね」

歴史探偵として過去を見つめて学びながら、平和への願いを語り続けた90年の生涯だった。

「なぜこんな国になっちゃったのか。なぜこんなに無惨な戦争をやって、日本中焼け野原にして全面降伏なんてことになったのかということは、どう考えてもわからないと。だから知っておく必要があるんじゃないか」

「危機や難局は乗り越えるためにある。向き合ってぶち破っていかないと」

元国連難民高等弁務官
緒方貞子
（1927〜2019）

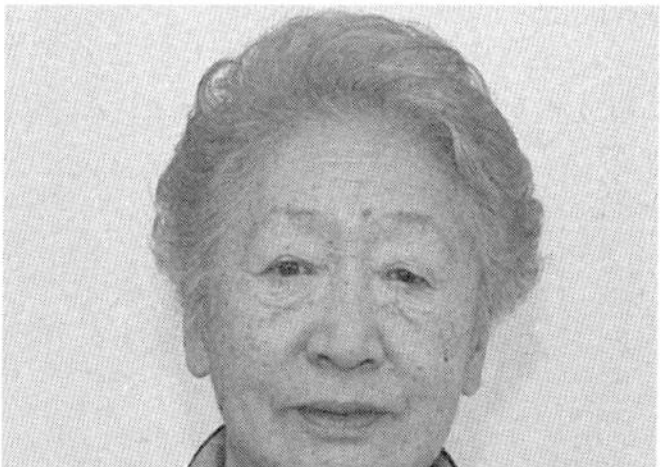

命を救うことを最優先

難民を支援する国連機関・UNHCR(国連難民高等弁務官事務所)のトップ、国連難民高等弁務官に日本人としても女性としても初めて就任し、10年間にわたって務めた緒方貞子《おがたさだこ》。

「慈善援助って、可哀想だからしてあげるんじゃなくて、尊敬すべき人間なんですから。人間の尊厳というものを全うするために、あらゆることをして守らなければいけない」

戦争や民族紛争などによって故郷を追われたたくさんの難民たち。緒方は「命を救うこと」を最優先に掲げ、難民支援の最前線に立ち続けた。

「私は高等弁務官(在任)中に、いろんな大きな戦いによる難民の流出などに遭遇したわけでございますが、一番本質的には心の問題、傷ついたいろんな人たちがどうやって立ち直っていくか。難民というのは人間であると。そして人間としては幸福を求める。それをつくるのをお手伝いすると」

緒方は1927(昭和2)年、現在の東京・港区に生まれた。曽祖父は内閣総理大臣・犬養毅《つよし》。犬養は31年に起こった満州事変の翌年、五・一五事件で暗殺された。祖父は外交官で犬養内閣の外相を務めた芳澤謙吉。父の中村豊一《とよいち》も外交官だった。緒方は父の海外赴任に従い、幼少期をアメリカと中国で過ごす。曽祖父の死を緒方は理解していたという。

「あのときはね、私たちは（アメリカ・カリフォルニア州の）バークレーに住んでいたんだけど、そのときに起こったんだと思います。祖父が殺された話は聞きました」

「（そのときの家の様子は）大変でした。ざわざわしてすごかった。日本から来ていたお手伝いさんは、ものすごくアップセット（気が動転）していました」

帰国後、日本は太平洋戦争に突入する。東京大空襲に遭った後、終戦は疎開先の軽井沢で迎えた。疎開先でも英語とフランス語の勉強は欠かさなかった。

「終戦の話を聞いて、終戦の詔勅も聞いて、何か『負けた』って。自分の国が負けたって、なんとなくポカッと穴が空いたような、そんな感じがしました」

なぜ日本は戦争へ突き進んだか

聖心女子大学では学生自治会長を務めたほか、テニス部を創部。個人で全日本選手権にも出場した。卒業後、アメリカのジョージタウン大学とカリフォルニア大学バークレー校に留学する。研究テーマは満州事変。日本はなぜ戦争に突き進んだのかを政治学の視点から解き明かそうとした。

「『どうしてそういう戦争をしたんだろうか』という疑問は、その留学を通して余計大きくなりました。だって日本とアメリカが戦争して、日本は負けたんですよね。それで犠牲がたくさん出ているわけです。そういう中で『一体どうして、そんなことをしたんだろう』ということを疑問に持つのは、当然だったと思う」

博士論文をもとに1966年に上梓したのが『満州事変と政策の形成過程』。日本政府と軍部の「無責任の体制」について解き明かした。

「勝手によそに入り込んでいって、自分にとってだけいいようなことはできませんね。こちらが勝手に『これが望まれている』と押し付けることは、今でもやっています、いろんなところで。でしょ？　内向きの上に妙な確信を持ってそれを実行しようとすると、押し付けになります。理屈から言えば、内向きというのは、かなり無知というものに繫がっている」

33歳のとき、後に日本銀行理事を務める緒方四十郎《しじゅうろう》と結婚。34歳で長男を、39歳で長女を出産。二人の子どもを育てながら、大学で国際政治学の教鞭を執った。41歳のとき、初めて日本政府代表団の一員として国連総会に出席する。それ以降、国連の仕事にかかわるようになる。48歳のとき、日本人女性初の国連公使に就任した。

「国連に行って良かったのは、今まで会ったことがないような、見たことがないような国の人と知り合ったことです。非常に素晴らしい理屈で、きちっと説明できる人がいるんだなあ、ということ、大きい国、大きいお金持ちの国から来る人が優れているとは言えないな、ということを学びました」

難民を保護するということ

91年、緒方は日本人初、そして女性として初めての国連難民高等弁務官に就任する。63歳のときのことだった。しかし、就任直後から大きな難題に直面することになる。

この年、中東では湾岸戦争が勃発。イラクのサダム・フセイン政権からの迫害を恐れたイラク北部のクルド人180万人もがイラン、トルコとの国境地帯に押し寄せた。イランは国境を開放し、140万人のクルド人がイラン国内に避難した。一方、治安の悪化を恐れたトルコは入国を拒否する。多くの人々が行き場を失ってしまった。

「私が高等弁務官になってから最初の大きな緊急事態は、北イラクからクルド人が流出したケースなんです。(中略) 40万人以上の人たちはトルコに入れなくて、トルコの山の上にいた。政治的な理由で入れてもらえなかった。そして非常に悲惨な状態にあることがテレビに映って。国際的な世論もあり、何とかしろと言われたと。その中でついに多国籍軍が出て行ってイラク側に帰してくるわけです」

トルコはNATOに加盟していたため、英米軍が中心だった多国籍軍がトルコを支持してクルド人をイラクに帰したのだ。

「これは難民条約のほうの考え方では一番大きな違反です。迫害されて逃げていく人たちを元へ戻すことですから」

これまでの国連の難民条約では、「難民とは政治的迫害などによって国境の外に出てきた人」と定義されていた。つまり、イラク領内にとどまったクルド人、あるいはイラク領内に帰されたクルド人は援助の対象ではないというのが、それまでのUNHCRの方針だった。この事態を受け、緒方は幹部職員と慎重に議論を重ね、イラク領内での援助活動を決める。これまでのUNHCRのルールを変えてしまったのだ。

「ずいぶん議論もしましたし、本当に悩みました。やっぱり生きることのできる人間を生かしていくということは、非常に大事だと考えたんです」

「この山の中にいる人たちに安全を与えなきゃならない。極めて現実的な判断から、ルールを変えることになるけれど、基本原則の根幹は同じなんじゃないかと。つまり避難民を保護するということです。生命の安全を確保する。自信を持って、これで行こうというように考えたわけです」

緒方がたどりついた結論はシンプルだった。避難民を保護する。避難民の命を助ける。そのため、UNHCRのトップとして責任を持って決断を下した。

「決めなきゃなんないのは私だから、私が決めるよりしょうがない。だって聞く人はいないんです。だから私が決めなきゃならないでしょ。だからそうした。そのためにいるんだもんね、私。トップとはそのためにいるんです」

緒方はUNHCRの職員を集めてクルド人のいるイラク北部に派遣。同時に、英米軍にクルド人の安全を保証するためイラクへの駐留を延長するよう交渉し、イラクにもクルド人を迫害しないよう交渉した。

救援物資を運ぶ手段やロジスティクスの強化も図った。各国政府の支持をとりつけ、救援物資を輸送する大規模な空輸作戦を展開したのもUNHCR史上初めてのことだった。

これまではUNHCRの任務と考えられていなかった国内避難民を保護するため、新しい支援の枠組みをつくったのだ。

「難民の保護の機関としては、『これは難民である』と国際法的に規定できないからやらないということでは済まないと思います。その辺が一つ思い切った手を打ったことかなと思っています」

共生のチャンスをつくる

国内の避難民を難民と同様に扱う。緒方の決断は、その後の難民救済のあり方を大きく変えた。緒方が高等弁務官に就任した90年代は、東西冷戦の終結にともなって、これまでの資本主義対共産主義というイデオロギー対立の陰に隠れていた民族間、宗教間の対立が激化した時代だった。

その一つが、91年に旧ユーゴスラビアで起こった内戦だ。社会主義国家だったユーゴスラビアが崩壊し、スロベニア、クロアチアなどが次々と独立を宣言。その中の一つ、ムスリム系、セルビア系、クロアチア系と三つの民族が激しく対立したボスニア・ヘルツェゴビナで発生した紛争では、全土で戦闘が繰り広げられて多くの死者と難民が発生した。

ボスニア・ヘルツェゴビナ紛争で起こっていたのは、各民族がそれぞれ勢力を拡大して他民族を排除・虐殺する「民族浄化」と呼ばれる行為だった。首都サラエボを包囲したセルビア系住民は、ムスリム系住民を追い出そうと連日砲撃を加えていた。緒方は孤立した住民を助けるため、援助物資を空から届けることを決断する。

「(サラエボから)出ていきたいと言うので、手伝えばまさに民族浄化に手を貸したことになるわけだし、置いとけば殺されるだろうと。どっちにしたらいいかギリギリの選択に悩まされて。最終的には人を生き延びさせる選択を取るほかしょうがないんじゃないか。というのは、生き延びればもう一回チャンスが出てくるかもしれない。人間って、そこで殺されたら、それまでですから」

空輸開始から6日目、緒方は砲撃が続くサラエボに、重さ15キロの特製防弾チョッキを身につけて降り立った。難民たちの恐怖と苦痛を、身をもって感じるためだった。

「これは政治的にすごくインパクトがあった。つまり、国際社会はサラエボを見殺しにしているんじゃない、みんなサラエボを見ている、というシンボルは空輸だったんです。非常に温かい歓待を受けたんです。今でも忘れられません。町の旧市街の窓からみんなが手を振って非常に温かく迎えてくれて」

サラエボへの空輸は3年半にわたり、延べ1万2000回も行われた。しかし、人道支援だけでは紛争は解決しない。世界各地で大量の難民が発生する中、緒方は人道支援の次のステップへと踏み出す。それは難民の帰還と地域の復興。つまり、難民を保護するだけでなく、難民問題そのものを解決しようとしたのだ。

「人道機関ですから、これは『政治と区別して人道に徹するのが本来だ』という考え方と、それからやはり『難民問題を解決する』ということも私どもの仕事の中の非常に大事なものとして、初めから任務の中に入っているものですから、解決となると人道的な保護を無限に続けていくだけでは済まないんです。（中略）

私が高等弁務官になりましてから、冷戦構造がはっきり崩れてくると、解決のチャンスというものが出てくるわけです。ですから、もっと解決のチャンスに積極的に取り組むべきだという考え方が非常に事務所の中では強くなってきて」

ボスニア・ヘルツェゴビナでは、三つの民族が一緒に働ける環境を整えることで地域経済の復興を図った。

「一緒に仕事することによって、ともかく和解とまでは行かなくても、日本語でいう共生、共生のチャンスをどうやってつくるかというようなことで、今、共同体づくりのプログラムを工夫しはじめているんです。(三つの)民族が一緒に仕事をするというプロジェクトに投資をして、いろんな工場をつくったり、牧場をつくったりしたらどうだろうかと」

現場主義を貫く

緒方は現場を訪れることを何よりも大切にしていた。高等弁務官に就任したばかりの91年には、クルド難民問題のためにイラク・トルコ国境を視察した。同年にはエチオピア国境のソマリア難民を視察。92年にはタイ国境のカンボジア難民地区、マラウイのモザンビーク難民地区、戦火のサラエボを訪れた。緒方はいつも「現場主義」を貫いていた。

「現場感というものなしに、人は説得できないと思います。現場の感覚がないと本当に、こうしたらどうですか、ああしたらどうですかと提言はできません」

大量殺戮が行われて難民が発生したルワンダと旧ザイール(現・コンゴ民主共和国)にも何度も訪れている。ルワンダの難民キャンプでは、生まれた子に「サダコオガタ」と名付けた母親もいた。赤ちゃんの生命を守ってくれた緒方に感謝を捧げたものだ。

00年、3期10年をもって国連難民高等弁務官を退く。緒方は退任のスピーチで、アメリカのソウル・シンガー、アレサ・フランクリンの曲「Respect」の歌詞を引きながら、このように語った。

「難民たちの表情に私たちの成功と失敗が刻み込まれています。家を追われ、貧困に苦しむ難民を支援するために最前線で闘った、すべての人々に尊厳を。そして誰よりも難民に尊厳を」

その後は、JICA・国際協力機構の理事長に就任した。日本に対して、難民問題でもっと積極的な役割を果たすよう求め続けた。

「私は今、日本は非常に内向きになっていると思います。これは外国人労働者の問題もありますし、それから難民の受け入れにも問題があるのです。それはやっぱり、あまりに自分たちのこと、あまりに日本の内向きのことばかり考える。上から下まで自分のことだけでなく、広がりをもった日本をつくっていただきたい」

時代の大きなうねりの中で苦しむ人々に寄り添い続けた92年の生涯だった。

「人のための仕事なのです。生きてる人間のためです」

NHK映像ファイル

あの人に会いたい

NHK総合　毎週土曜　午前5時40分～午前5時50分
番組ホームページ　https://www.nhk.jp/p/anohito/ts/K15V8PLV63/

【チーフ・プロデューサー】大石真帆
【ディレクター】石渡邦夫
山本真由美
井上綾花
【著作権担当】野口織恵
大貫智子
髙木涼子
山名久美
松久尚子

NHK「あの人に会いたい」制作班
「NHK映像ファイル あの人に会いたい」は、
2004年4月に放送を開始したテレビ番組。
NHKに残る膨大な映像・音声資料の中から
歴史に残る著名な人々の珠玉の言葉を今によみがえらせ、
保存・公開する「映像ファイル」を目指している。
これまで670人を超える人物を取り上げてきた。(2022年12月現在)

NHK出版新書 695

道をひらく言葉
昭和・平成を生き抜いた22人

2023年2月10日　第1刷発行

著者　NHK「あの人に会いたい」制作班
発行者　土井成紀
発行所　NHK出版
〒150-0042 東京都渋谷区宇田川町10-3
電話 (0570) 009-321(問い合わせ) (0570) 000-321(注文)
https://www.nhk-book.co.jp (ホームページ)

ブックデザイン　albireo
印刷　壮光舎印刷・近代美術
製本　二葉製本

落丁・乱丁本はお取り替えいたします。定価はカバーに表示してあります。
Printed in Japan ISBN978-4-14-088695-3 C0295

NHK出版新書好評既刊